循着内心的声音走

刘娟

一个人活出自己的宇宙

刘娟 著

江苏凤凰文艺出版社
JIANGSU PHOENIX LITERATURE AND
ART PUBLISHING

图书在版编目（CIP）数据

一个人，活出自己的宇宙 / 刘娟著. -- 南京 : 江苏凤凰文艺出版社, 2025. 9. -- ISBN 978-7-5808-0100-5

Ⅰ. B848.4-49

中国国家版本馆CIP数据核字第2025SF3354号

一个人，活出自己的宇宙

刘娟　著

责任编辑　项雷达
选题策划　元　元
封面设计　青空·MUMU
版式设计　姜　楠
责任印制　杨　丹
出版发行　江苏凤凰文艺出版社
　　　　　南京市中央路 165 号，邮编：210009
网　　址　http://www.jswenyi.com
印　　刷　唐山富达印务有限公司
开　　本　880 毫米 ×1230 毫米　1/32
印　　张　7.5
字　　数　181 千字
版　　次　2025 年 9 月第 1 版
印　　次　2025 年 9 月第 1 次印刷
书　　号　ISBN 978-7-5808-0100-5
定　　价　56.00 元

序一——感恩与娟的一切缘分

多年前我一个人背着行囊在终南山道上，停下脚步回首，只有白云在我身后，如果在这样的山道上遇到一个同行者，我一定报以会心一笑。

刘娟上了终南山，她住在我曾经每天路过的那个山谷的路旁土屋。

在通往终南山的山道上，我经常遇见陌生或熟悉的面孔，有时候山道上或树林里突然闪出一个人，他们像一粒蒲公英的种子被风吹着，不知道从哪里突然就出现在山中，在终南山，大家都对这种事习以为常。他们在山中读书、喝茶、劈柴、种菜，住在山中的人重复着千年前与王维一样的生活。

我们来到这个世上本来就是孤独的，我们每个人走这一遭都是来寻找自己的，只不过太多的人选择拼命挤进人群，在喧嚣中变得麻木而忘记了来这个世界的目的，只有少数的人一直与孤独相守，那些善感的灵魂趋光而行犹如飞蛾扑火，虽烈火焚身却可以与光同在。

刘娟在终南山的松风里写下的文字带着时光的味道，闪耀着草木的绿光。她在山中等一阵雨，踏一片雪，在山里遇见久违的自己，在那一片我们共同盘桓的终南草堂外的松林里哭得稀里哗啦，我懂得她的眼泪和恸哭。

大约三十年前，我也生活在乡村，从那个时候突然到现在就好像跨越了千年，在点着煤油灯的年代，乡间的这小道上印满了牛羊或架子车的痕迹，乡村的夯土墙在阳光下发出耀眼的亮色，云干净得没有一点尘埃，骑牛的牧童在大地上走，草在风中泛着浪，时间似乎是荒芜的。当汽车出现，电点亮了乡村，似乎时间的光影被快进了，一下子几十年就过去了，光阴在大地上移动，在生命的褶皱里留下斑驳的图案，除了儿时留在心底的画面，生活就像一场大雾，一回头白茫茫什么都看不见。

我和刘娟有相似的灵魂，和相似的乡村记忆，我们都在滚滚向前的时代像努力回溯的鱼，想留住那些可以点亮灵魂的时光，努力记住生命里那些稍纵即逝的时光，这是我们能对美好事物做出的最大程度的挽留。

从乡村逃离，挤进都市汹涌如潮的人群需要用尽洪荒之力，可是心底的梦终究会发芽，当心底的声音在午夜将我们从梦境中唤醒之后，我们想要再次"逃离"，逃离尔虞我诈、逃离痛苦、逃离贫穷、逃离不幸、逃离死亡。

陶渊明当年也这样逃离官场，逃到了城郭以外的山中，靠着五棵可以乘凉又可以当风景的柳树和一道篱笆，将自己与世俗隔开，这就是人生整个奔忙向前的全过程。

而刘娟用了很多年努力地逃离，为了心底的梦，为了大地上那个亦真亦幻的世外桃源，她舍弃了很多来换取心灵上的自由，而灵魂的自由只有极少的灵魂觉醒者才配享有。

摆脱世俗的桎梏，像鱼一样“反时代”向生命的高处泅渡是顺心而化，刘娟引用孔子的话：“造我为鹊则顺鹊性而化，造我为鱼则顺鱼性而化，造我为蜂则顺蜂性而化，造我为人则顺人性而化。”以道家观点万物都是化生的，万物的变化刹那不停，美好的事物与痛苦的事情终究在春天的花枝和寒冬的萧瑟中逝去，生命的终极价值终究要归于空无，而人生终如苏轼的雪泥鸿爪：“人生到处知何似，应似飞鸿踏雪泥。泥上偶然留指爪，鸿飞那复计东西。”蝉经十七载才能蜕而去尘鸣于高林，蜕变和升华才是生命永恒的主题。

生命的意义在于它存在本身，生活的意义在琐碎的事物上，具体而平时的鸡零狗碎，正是这种烟火气和泥土气息才让人的灵魂苏醒，刘娟在乡村的泥土中徜徉时所感受到的不可名状的感动和自由，是俗尘中人无法体悟的。

终南山是一面镜子，空空的映照出自己内心。刘娟守着山，在嗖嗖落下的松针中，逐渐清瘦成一株幽兰，用淡淡的清香撑开这片山谷。

张剑峰

2025 年 7 月 28 日

感恩命运眷顾，此生能与娟有这么大的缘分，从相识，相知，相爱，到最终走在一起成为我的妻子，成为我生命中最重要的人。胡博对于熟知娟的人来说，已不再陌生，本人表达尤其文字表达不是一般的有缺陷，但我还是拿起笔在此用自己的语言方式写下对于娟的所思所想。

形影不离地生活多年，在我的视角里她是那么纯粹且充满着灵性，对自然万物有着超常的情意和敏感，总感觉她是带着某种使命来到这个世界，要为万事万物做点什么，或为它们代言，或替它们表达。生活中每聊起这些她都能让我感觉到原来自然界有那么多有趣的事物，慢慢地好像自己也能听懂一些植物的语言，也融入了她描述的那个世界里。

读过娟的所有的书，喜欢她写的文字，她笔下的世界我都着迷，唯一的遗憾是我不擅长文字表达，不能完整丝滑地对她的文字做出般配的回应。还好我有阅读的习惯，因此在日常生活中能够彻夜长谈也不觉得枯燥无味。也能感知到自己不断成长，得益于与娟相识后对阅读书籍的方向发生的变化，年轻时总喜欢工具类和人际关系类书籍，中年后事业、物质稳定，才发现使人焦虑空虚不安的不仅仅是财富多少，由此开始转变读书的方向，对一本好书的理解也发生了变化。

有幸优先阅读本书，分享一点感悟，从我个人角度而言，这本书带给我的不仅仅是阅读的丝滑畅快，还如同一剂打通内心很多困扰至今的心理结节的良药。

阅读前面很多章节时比较轻松畅快，一幕幕不断在脑海形成画面，一时沉入其中分不清作者是在写我还是在写她自己，如同一部部无声的影片。习惯性想去思考和仔细品读，但眼睛战胜了习惯，不自觉地一直快速往下读，到后来越读越慢，思考开始占据主导。随着阅读的深入，曾经对她的很多不理解开始有了答案，同时对她这些年的成长蜕变感到骄傲，一时忘了她是我的媳妇，竟以为是一位赢得了我认可和尊重的老师。数遍阅读第五章，每次都是从眼睛湿润到热泪盈眶，我承认她触动了我，触动了我的思想和灵魂，对那些曾经同样困扰我的焦虑、空虚、迷茫无向、生命意义的思考，对爱的理解，对自身价值观中曾明知的缺陷和硬伤直到今日而不得修复、不能圆满，此刻，在泪干的哪一刻，一切都完整了，变得明亮而透彻。

合起书的那一刻，才发现不觉间她已经走在我前面好远好远，承蒙不弃，感恩你写了此书，让我有机会循着你的背影欢快前行。

胡博

2025 年 7 月 22 日

每个人刚出生时，都是一个没有明显特征的小婴儿，不是最亲的人，往往很难辨认。就像自然界中的一粒刚刚萌芽的种子，很难知道它到底是一棵树，还是一株花，它们都长得那么像。

那时候我们都区别不大，被称为“天使”，仿佛共同从天上来。来的时候，也像一粒种子一样，携带着生命最原始的基因，它决定了我们究竟是树，是花，还是其他什么模样。

但除了伟大的造物主知道这些，最开始谁会知道呢？那些隐藏在生命体内的最原始的信息，被打上了厚厚的封印，不让我们轻易看见。造物主这么做，必有他的道理，我猜他的目的，就是想看看会不会有人发现这个秘密，他就像一个恶作剧的孩子，和人类玩着“躲猫猫”的游戏。想想看，无数的人走在路上，欢乐着，痛苦着，那么认真和投入，却不知道自己其实只是在一个设计好的游戏里，多么好玩和可笑。

而一旦你发现这个秘密，游戏就结束了。接下来，树成为树，花成为花，就活成了本来的模样。

亲爱的朋友，假如我这个猜测正确，如果你也认同，那就接着往下看吧。我讲讲我的成长过程，就是在这个过程中，有一天我走着走着，突然发现人生好像是这么回事，明白了过往所有经历的原因以及于我而言的意义。我激动和欣喜极了，也感觉非常委屈和辛酸，为曾经的那些执着和认真带来的伤痛。而且这时，我发现就是因为以前不知道这些，一路走来，已不知不觉欠下很多债，接下来还得去还债，因为不还清这些，我仍然无法完全地与“自己”合一，就好比本来好多人一起玩得好好的，你突然发现这是场游戏，没意思，不想玩了，但那些伙伴怎么会愿意呢？你走了，他们势必受到影响，这哪行，所以还得继续玩下去。人生，真是不容易啊！那一刻，我又激动又欣喜又辛酸又难过，哭了一场。

平静后回顾过往种种，觉得突然明白了一切，像是从一场大梦里醒来。人生是一场无法回头的旅程，自出生后，我们就离“自己”越来越远，但即便时光倒流，当时一切都能看得明明白白，也不可能改变什么，这是缘，是命。但同时，我们也在这个旅程中不断地向“自己”靠近着，只因因缘不同，时间有早有晚，有快有慢。所有的经历都很好，都是为了让我们看见自己，不看见自己本来的模样，不和自己合一，永远活在一场虚妄里，永远无法摆脱迷茫和痛苦的折磨。

我相信，每个人的成长过程，都是这样一个不断远离，同时也是向自己不断靠近的过程，我们从起点出发，画一条弧线，最终回到起点。起点也是终点，终点即是起点。有的人到临终都没有把这条弧线画圆，带着种种不甘和遗憾离去。有的人很快就获得圆满，在同一个世间，活了两辈子。而人生的意义，不过就是这条弧线所代表的经历，无论最终能否把这条弧线画圆，一路的经历，就是所得，我们就比出发时多了很多东西。

如今我回顾自己的成长过程，感觉这种认识更加清晰，就想把这个脉络整理出来，分享出去，做自媒体多年，分享生活中点点滴滴的美好和那些自我感觉成长的瞬间，带给我很多快乐。而且，在一段时间的写作过程中，当这种认识更加清晰后，整个人越来越轻盈，越来越不受困，我自己首先成了受益者。所以不管这些文字是否能对他人有一些价值，已经值了。

目录

第一部分 十二幅画

第二部分 人生的开始，注定那样走

第三部分 循着内心的声音走

第四部分 山居这一年

第五部分

我相信，这就是我的境遇所在

自我从儿时开始记事起，有一些事情就像画面一样，清晰地刻在了记忆中，从没有因为时间的日渐久远而淡漠。在那些初识世界的岁月里，一定发生过很多事情，唯有以下这些事情，震动了我那颗混沌的年幼的心，从而在生命的旅程中打上了深深的烙印。那些记忆中最难忘的画面，像一面面镜子，映照出了生命本来的模样，现在我相信，那就是那层厚厚封印之下的“我”。

第一部分

十二幅画

第一幅画：一个秋天的早晨

那年我是几岁，我不记得了。

那天晚上临睡之前，屋外刮起了大风，大风呼呼的，在村庄的上空奔跑。然后下起了雨，雨点儿很大，打在屋瓦上，听起来像豆粒那么大。

我们的家是三间土坯房，家里有爸爸妈妈，有弟弟，我们一家人住在一起。弟弟那时候很小，我也不记得他几岁，我在这样的风雨声中，很快睡着了。

但第二天清晨起来，院子里的景象却令我大吃一惊。

昨天还一树叶子的大桐树，突然变得光秃秃的，树枝根根分明，一眼就看到树顶的天空，天空也一下子变得又高又远。到处是落叶，东一堆西一团的，那些树叶还绿着，和前一天在树上时没什么区别。我站在堂屋的门口，吃惊地看着这一切，一阵风吹来，有点冷，昨天那些桐树的叶子还在树上得意地唱歌，我就听到一夜的风声和雨声，什么都没有听到，怎么一夜之间，它们竟全都落到地上了呢？而且还和着泥水，还被冷风吹着——我忽然有一种陌生又悲凉的感觉。

那天早晨我爸捉住一只鸟，我起来时看到它被拴在堂屋的床腿上，羽毛全湿了，一绺一绺的，它站在地上不知是害怕还是冷，浑身发着抖。后来我爸把那只鸟烤熟了，分给我和弟弟吃，弟弟一大半，我一小半，我爸说弟弟小，要让着他点。那天我没有哭，要是以前遇到这样的事情我一定会大哭，我一哭起来就没完没了，能哭大半天，直到哭累了，哭睡着了。我没有哭，是因为我还没有从眼前的景象里回过神来，那种感觉于我很陌生，像是第一次，我清晰地看见了这个世界。

在此之前，我的世界是混沌一团的，我没有记忆，什么都不记得，但那天早晨，我混沌的世界仿佛裂开了一条缝，风雨声、光秃秃的大桐树、落叶、天空，和寒凉的秋风一起进来，成为记忆中最初的画面。我清楚地记得，就是从那天起我记事了，尤其对四季的变迁、对大自然的变化敏感。

第二幅画：“故事”地

二奶奶家的门前有一大片“故事”地，这“故事”到底是哪种植物，我到现在也没有搞清楚。只记得它们是一丛一丛的，长得很高大，我钻进去，勉强有它们的一半高，从外面看则连个人影也看不到。

秋天“故事”的叶子变黄了，金灿灿的黄，暖洋洋地晒着太阳，阳光在这里也仿佛有了颜色一样。我妈带我来这里扫落叶，“故事”的叶子打碎后可以当作饲料，喂猪和牛，最后枝条砍下来，爷爷他们拿来编筐子和篮子。地垄里落了厚厚一层落叶，脚踩上去，脆脆地响，我妈说我就是这片“故事”地里捡来的，捡我的就是那个被我认作干娘的老太婆，有一次她也来这里扫落叶，一看地上有个娃娃，身上都生蚂蚁了，她抱回家，洗干净一看，白白净净的，看我妈没小孩，就送给我妈养了。

我妈说这话时总是笑，边笑边说，边说边笑，就像连她自己也不相信一样，所以我也对这话半信半疑。我对那个认的干娘也有点排斥，因为每到过年，我就得端饺子给她送去，那声“娘”不叫不行，叫了总是让我十分难为情。

不过也许是出于这个原因，我觉得那片“故事”地特别神秘，我妈不来的时候，我也喜欢一个人钻进地里去玩。我一钻进去，立刻外面的一切都看不到了，声音也远了，卖豆腐的拖着长长的调子叫唤“豆——腐——”的声音，卖油的敲着梆子发出的清脆的“梆梆”的声音，一下子都离得远远的了。地上的落叶厚厚的，身旁的枝条一大丛一大丛的，头顶的黄叶只剩下几片了，天空又高又远，太阳把那几片黄叶照得很亮，连上面小小的虫洞和细细的纹路也看得清清楚楚。

我一来到这里，就仿佛进入到另外一个世界。总觉得那些叶子好像在说话，在和太阳说话，和风说话，叶子与叶子之间好像也在说着话，它们发出“嗡嗡嗡”的声音，这声音使得外面的世界一下子离我很远很远了。

第三幅画：二奶奶家的菜园

我家的菜园和二奶奶家的菜园紧挨着。

春天时，二奶奶在她家的菜地边上种了几棵南瓜，不久南瓜发芽了，长出了两片胖乎乎的叶瓣。二奶奶非常爱惜她的南瓜苗，先是怕太阳晒坏了，用瓦片为它们挡住火辣辣的太阳，瓦片拿开后又怕谁家的鸡进来给啄了，用小树枝在周围严严实实地扎了一圈小篱笆。

二奶奶还种了两畦大葱，挨着大葱，种了一小片香菜。

春天过去了，夏天到来了，香菜开了花，大葱也开了花，香菜花细细碎碎的，开成一片，大葱的花像一个个毛球球，顶在剑一般的葱叶上。不知道为什么，虽然这香菜和大葱紧紧地挨着，那些蜜蜂和蝴蝶却只围着香菜转，永远也不到大葱那里停一下，或者嗅一嗅。

虽然这香菜和大葱紧紧地挨着，香菜是热闹的，大葱是寂寞的。那热闹的香菜和寂寞的大葱，像一幅画，永远留在我的记忆里，任何时候回头看，都鲜亮如初。

第四幅画：垂盆草和仙人掌

小时候，我们的田野里好像永远只长着庄稼，冬春主要是小麦和油菜，夏秋更多是玉米、棉花、红薯、大豆和高粱。如果谁家在地头种了一小片甜瓜，到了成熟的季节，就会紧张得不得了。大概因为紧张，种甜瓜的人家很少很少。

毕竟生产足够多的粮食，填饱肚子，才是第一位的。

也很少种花。每家都养鸡养鸭，还有牛羊，大牛生的小牛犊是不拴的，会把花吃掉，羊有时也是不拴的，也会把花吃掉。种地喂牛养羊已经很累了，谁还有心思去种花管理花呢！

但我的婶子和大娘们有的也会种一些花。她们种垂盆草和仙人掌。种在缺了一个口的烂瓦盆里，少了一个边的破瓦罐里，放在高高的土墙头上，鸡鸭也够不着，牛羊也够不着。垂盆草不用怎么管理，仙人掌更是连水也不用浇，它们自种下后，就在墙头自顾自地长着。垂盆草长大后，在瓦盆周围垂下来一圈儿，像画里见到的瀑布一样好看；仙人掌会开出黄色的花朵，那花朵开在高高的土墙上，那么美丽和鲜艳，在我眼中，是小村庄里最耀眼的色彩。

每当我想起那个养育我长大的小村庄，那瀑布一样的垂盆草和土墙上的仙人掌花，总是异常清晰地出现在脑海中。时间越久远，它们越鲜艳，而回忆，总是带着一丝淡淡的伤感。

第五幅画：大奶奶和小鸡

小学时，我大奶奶来到我们家，照顾我和弟弟，帮助打理家务。这时我爸爸妈妈开始做生意，比较忙，大奶奶孤身一人，大爷爷走得早，她有两个女儿，都嫁人了，所以她来到我们家，也是为自己的以后做一些打算。

春天时，大奶奶养了一些小鸡，可是家家这时都养了小鸡，小鸡都在院子内外自由地跑着，而各家的院子，有的左右紧挨着，有的前后相邻着。各家的小鸡如果跑到一起，就很难认出来了，它们都长得差不多。为了认出自家的小鸡，各家都给小鸡染上颜色，有的染上绿翅膀，有的染上红屁股，有的在脑袋上点一些颜色……所以春天的小鸡娃，都五颜六色的，毛茸茸的特别好看。

大奶奶自然也给我家的小鸡染上了颜色，是染在翅膀上的，染的绿颜色。春天的上午，阳光洒满院子，桐树花开了，有些花掉在地上，小鸡们啄食桐树花，这里翻翻，那里看看，走来走去，跑东跑西。大奶奶站在院子中央，“咕咕咕”地唤小鸡，我也学大奶奶，“咕咕咕”地唤小鸡，大奶奶脸上挂着笑，慈爱地看着那些小鸡娃，小鸡们一听到大奶奶的声音，就赶紧跑过来，围着她的腿转，有的还跳起来，叫着，要吃的。我们给小鸡喂小米，小米用水泡过，放在一个大碗里，大奶奶刚把碗放下，小鸡们就争先恐后地围上去，有的居然跳进碗里啄食去了。

春天静悄悄的，院子静悄悄的，阳光亮亮的，桐树花开着，小鸡跑来跑去，大奶奶瘦高，腰板直直的，穿一身干净的蓝布衣服，笑着，像一幕无声的电影，经常在我的脑海里播放着。那是我最初认识的春天的模样。

第六幅画：村东面的油菜花田

记忆中，我们村的东面是一大片油菜花田。家家不约而同地，在村庄的东面都种上了油菜，春天，家家的油菜都开花了，成了一片黄色的大花田，很大很大的花田，一眼望不到边儿，快有整个村庄那么大了。

油菜花上不知怎么回事，出来很多小黑虫，我们称为“黑老包”。黑老包密密匝匝，有的在飞，有的在跳，有的趴在油菜花上一动不动。它们有胖墩墩的小身子，翅膀是透明的，飞不高，也飞不远，飞一会儿就赶紧落在一朵花上，像是累坏了，要歇一歇。

鸡鸭最喜欢吃黑老包。那时我最快乐的事情之一，就是傍晚吃过晚饭，拿上广口的罐头瓶子去捉黑老包，总是傍晚天快黑时最多，靠近地边的油菜花上，密密地都快趴满了。

那个季节，鸡鸭吃饱了黑老包，长得很快，有些小鸡娃眼见着，由鸡蛋那么大长到碗口那么大了。

第七幅画：我的“果园”

我和小伙伴们下地割草，突然惊喜地发现一棵果树苗。我小心翼翼地用铲子挖出来，唯恐伤了它的根，然后又用一个土球严严实实地护住根，放进筐子里。回到家后，种在粪坑的边儿上，靠近院墙的那一边都快种满了，有杏树苗，有桃树苗，还有梨树苗。

我做着一个果园的梦。小杏树会长成大杏树，大杏树会开花，开了花，就会结杏子，到时候，这里就是一个果园，秋天时结着累累的果子。

我揣着热切的梦想，日日去看我的果园，杏树苗多长了几片叶子，发了一个杈，桃树苗也是，梨树苗也越长越高，我多么欣喜啊！我的眼前仿佛出现了它们果实累累的样子。

可是一天早晨，我突然发现它们全部不见了！我的发了一个杈的杏树苗，长高长大了的桃树苗和梨树苗，统统不见了，粪坑靠墙的那一块地方，一棵树苗都不见了——我号啕大哭，伤心得不能自已。

我看到我妈埋怨地看了我爸一眼。我爸说，昨天夜里猪从圈里跑出来了，把苗都拱了。他还说，根本不可能长大的。

怎么会不可能长大呢？杏树都发了一个杈了，桃树和梨树也长高了，它们长得那么好，明明一天天地在长大，那一片地方一眼望去都是绿色的了，怎么会长不大呢？

我伤心极了，哭了还哭，眼泪怎么也止不住。

大奶奶默默地，把我搂在怀里，我的眼泪把她的衣襟都弄湿了。

第八幅画：麻的花

上学的路上，谁家的地头种了一片麻。这麻是会开花的，长到半人高开始开花，花有红花，有黄花，还有的是紫红色的花，那花像一个个小喇叭，从麻秆的中间开始，一路开到顶端。

我们路过那片麻地，随手就会摘下一把麻的花，到了学校，给语文书上的插图染颜色。黄颜色的麻花涂在小女孩的上衣上，那上衣就变成黄色的了，红颜色的麻花涂在小女孩的裙子上，那裙子就变成红色的了，再随手拿一朵不知什么颜色的花往小女孩头上的蝴蝶结上一涂，那黑白的小女孩就变得五颜六色十分好看。

我们用麻的花给一整本语文书上的插图染颜色，麻花的汁液把书页弄得湿漉漉的，干了之后，语文书变得又厚又硬。

我一直都很喜欢麻的花，只是现在很难看到了。种麻是为了搓绳子用，现在很少有人自己搓绳子用了，也就很少再有人费工夫种麻，村里曾经种麻的那些老人，早已所剩无几。

许是麻花的原因，我喜欢一切喇叭形状的小野花。我现在最喜欢的一种野花就是牵牛花，蜀葵也不错，打碗花也很好看，它们都是喇叭形状的花。

第九幅画：剥麻

我爷爷也种了一小片麻，我小时候最喜欢的活计，就是剥麻。

到了秋天，田里的庄稼陆续收回家，麻也会被砍倒，拉回家。剥掉麻皮，束成捆，放在池塘里沤一段时间，麻纤维这时候就容易取出来了，就用这个麻纤维搓绳子用。我对后面的工序都不关心，我只对剥麻感兴趣。

从地里刚砍回来的麻，还带着满满一茎叶子，麻的叶子又大又粗糙，猪啊羊啊都不喜欢吃它们，所以到被砍下来时还是满满一茎绿色的麻叶，也不黄，也不落。但是麻秆摸上去却是粗粝的，有点扎手，显示着它们已经老成了。

剥麻的第一道工序，是捋麻叶。带上白色的棉线手套，从顶端开始，往下用力一捋，麻叶掉落，只剩下绿色的麻秆。

爷爷家的门前有一棵大杨树，砍回来的麻就堆放在大杨树下。我们在杨树干上拴一个结实的线圈，把麻皮从底部掀开一圈儿，套在线圈上，然后用力一扯，随着一声丝滑的“刺啦”声，瞬间，皮是皮，秆是秆，翠绿的皮，光滑洁白的秆，一齐散发着清香。

我特别着迷这项活计，看着堆放在脚边的麻一棵棵减少，心里会有淡淡的不舍。下一个剥麻的季节，还要好久呢！

第十幅画：楝树花

我家的院子是很大的，有半个篮球场那么大。院子里种着一棵楝树，一棵桐树，还有一棵臭椿树。

桐树种在院子的西北角，长得很大，夏天时树荫遮住了厨房的大半个屋顶。椿树种在距离大门口不远处，树干笔直地向上长，直到长得很高了，才开始发杈、长叶子，好像怕谁摘了它的叶子吃一样，其实它是不必担心这个的，它不知道自己是一棵臭椿树。那棵楝树则长在堂屋的门口，从位置来看，似乎它最重要。

我妈在楝树和椿树之间扯了一根晾衣绳，足有十几米长。我妈特别喜欢晒被子，太阳好的时候，那根晾衣绳上日日晒着印着大花的床单和棉被。春天快要过去了，楝树开花了，楝树花是淡紫色的，小小的，碎碎的，长在茂盛的叶子中间，一点也不起眼。我不知道它为什么被种在那里，我家的树我都不了解，只知道在我有记忆的时候，楝树就一直长在那里，桐树就一直那么大，椿树就一直那么笔直，那么高。

楝树花开了一段时间后，开始落花，每天都会落下来一些。太阳又亮又温暖，有时候一丝风也没有，突然就有一两朵小小的淡紫色的楝树花落下来，那花落在晾晒在它下面的床单和棉被上，落在干净的泥土地上，声音也没有，气味也没有。

每天早晨，我妈都要把院子扫一遍，她用一把大竹扫把扫落花，堂屋的门口地上，留下一道道细竹枝划过的长长的线条，楝树叶的影子在上面跳舞，光与影交错，一院子的安静。

等楝树花快要落完时，夏天已不知什么时候到来了，院子里的树荫越来越重，一些不常走动的角落，都长出青苔来了。

第十一幅画：10 岁那年的除夕之夜

小时候的除夕之夜，我总认为是额外延长了的，原本一天 24 小时，但在那一天，应该是 28 个小时，或者更长。因为人们都起来好久了，吃过了饺子，放过了鞭炮，做过好多事情了，远远近近的鞭炮声越来越稀疏，感觉年都要过去了，天才蒙蒙亮。这不是时间额外延长了是什么呢？况且这天是除夕之夜，我认为理应和平时不一样的。

我 10 岁那年的除夕之夜，像往年那样，天还很黑时起来，穿着一身过年的新衣服，吃过饺子，准备去找小伙伴们玩。我走出我家的大门，站在门口，有意站了一会儿，心里想着，过了今天，我就十岁了，是两位数了，这和以往的每一年都不一样，我认为有一天我一定会想起这个时刻，心里有一丝莫名的忧伤，不是不想长大，而是突然意识到时间的一去不复返。

如今三十多年过去了，我果然时常地想起那一刻，想起那个除夕之夜，我穿着一身新衣服，是浅粉色的，带金色的丝线，这身衣服我盼了好久，直到过年前一天才做好拿回来。我吃过饺子，一个人走出我家的大门，天还黑着，我在黑暗中有意站了一会儿，想，我 10 岁了，长大了，心里有莫名的忧伤。我家的大门是带门廊的，那时候在村里很气派，门楣上用瓷砖贴着“迎客松”，苍松云海间，一轮红日正冉冉升起，堂屋是五间青砖大瓦房，也带走廊，西边偏房四间，东边一溜柴棚，四间偏房里，两间用作厨房，两间牛棚，柴棚主要堆放杂物，后来我爸做生意开的机动三轮车总是停在那里。我还能想起我家那头老牛的样子，一身深黄色的毛，头上长着两只角，眼睛像铜铃一样大，吃东西不紧不慢，我如果走进去，它会抬头看我一眼，一丝惊讶或慌乱也没有，仍然不紧不慢地嚼着嘴里的草料，眼神安详，波澜不惊。

我已完全模糊了我那时的模样，但那样一个时刻，连同我家的院子，院子里的房屋，以及大门口的“迎客松”等，每当想起，总会一齐清晰地出现在脑海中。像是上辈子发生过的事情，好像和现在的我没有关系，但我又清楚地知道，那就是我，人生，其实很漫长啊！

第十二幅画：一扇神秘的大门

我读初中时，学校离家远了，我每天骑自行车上学和放学。

上学和放学，我都和邻村的一位女同学一起走，她家在路边，也是必经之路。有时候我上学走到她家门口时，她还在吃饭，我就会在门口等她一会儿。

她家的对面，隔着一条乡村公路，住着一对老两口，很少见他们出来，大门常是紧闭着的。大门口还有一片空地，所以那大门看上去也有一段距离。我对那扇大门里的院子充满向往，因为偶尔打开时能看到，那座院子和我平时见到的都不太一样。我们的院子人声鼎沸、热气腾腾，但这里却总是静悄悄的，到处长满绿色的植物，连大门右侧的一堆檀条缝隙里，也长着不知名的小花小草。我很想近距离看看那到底都是些什么样的花草，这样的场景好像很熟悉，但又感觉特别陌生，对我来说仿佛有一种无形的魔力，只要那扇大门开着，我就忍不住向里看。

有一次我正悄悄看着时，那家的男主人突然对我说话了，他邀请我进去看一看。听说他是退休干部，两鬓斑白，高高瘦瘦，背有点驼，看人的眼神有点直勾勾的，很少说话，也很少笑，所以当他盯着我突然跟我打招呼时，我有点害怕，本能地摇摇头，退后一步。

但那扇我从未走进去过的大门和门后的那个院子，却永远地留在记忆中，还有那些我想近距离看一眼的长在角落里的小花小草，也一并留在记忆深处。他们院子门口的那堆檀条许是放得时间久了，长满青苔，绿意像水一样要从院子里溢出来，一院子的寂静里，住着两个不怎么说话的老人，透过偶尔敞开的大门，能看到他们有时坐在院子中央，拿把蒲扇慢慢地摇，有时在院子内外走着，忙东忙西。却不知为什么，我总是那么强烈地想靠近，又感觉有无形的距离，在我的记忆里，它至今还有一丝神秘。

很多年之后，我明白的事情

以上我写的这些，都是存留在记忆里的，怎么也无法淡忘的事情，像一幅幅画，无声地诉说着过往的岁月。想起那些，让我觉得时光很悠远，一辈子真的很长，长到那些事情像是发生在上辈子，沧海桑田，物换星移，多少年过去，而我，竟然还在这人世间走着，人生不过才走一半。

可是，正是在这永不可回头的人生旅途里，于不断的经历中，我才渐渐明白，那些留在记忆深处的、无法淡忘的画面，对我意味着什么。自从那年秋天的一个早晨，风雨声、桐树、落叶、天空，和寒凉的秋风一起撞开我记忆的大门，从此，我纤细的神经，就更多与大自然共振，那些难忘的画面："故事"地、二奶奶家的菜园、垂盆草和仙人掌、桐花下的小鸡、我的"果园"、麻的花等等，不知不觉，组成了我的血肉，构成了生命的底色。

而那座我觉得神秘又向往不已的大门里的院子，三十多年后的今天，正在我的现实生活中呈现，成为我心之所向的灵魂栖息之地。也许，灵魂早在那时就已认出了它，只是我不知道。

这样的一个更多与大自然共振的生命体，注定只能扎根在泥土地上，像一棵树、一株草、一只鸟儿、一条小虫子那样活，只有这样才是鲜活的。可是与此同时，我却走上另外一条路，拼命地想要逃离村庄，逃离泥土地，而且现在回头看，一切都是注定的，无可改变。

一棵树只能深深扎根在泥土里，才能成材；
一朵花只有踏准自己的生命节奏，才会绽放；
一条小虫子只有在适合自己的环境里，才能生存；

人也一样，生来不同，也得按照符合自己生命属性的方式去生活，才能活出自己的姿态。

但是因为开始时我们不知道自己究竟是树，是花，还是虫子，所以不知道究竟该如何生活才更适合自己。我们懵懵懂懂地踏上了人生的旅程，哪里人多，往哪里去，哪里看起来风景更美，就把那个设为目标，大众都喜欢和认同的，总归不会错吧！

在旅程的开始，前面的路有千万条，而我独独走上那一条，遇见那些人，发生那些事，其实，一切自开始就已注定。

第二部分

人生的开始，注定那样走

儿时的理想

小学四年级时，老师布置了一篇作文，题目是《我的理想》。同学中，有的写自己的理想是当科学家，有的是当宇航员，有的是教师……这些职业听起来都很“高大上”，人人向往，受人尊敬。

相比较而言，我的理想就现实和俗气多了。我在那篇作文里这样写道：“我的理想是将来能考上大学，像我大姨那样，在城里工作和生活。”我不清楚“科学家”具体是做什么的，也没想过要做别的什么，能走出那个小村庄，成为一名城里人，就是终极目标，从小爸妈就这样告诉我，这是他们最殷切的希望。

我大姨和姨父都是城里人，大姨是医生，姨父是县委书记，他们每次回来，都坐着“桑塔纳”小轿车，走过后，那车屁股后面的一缕尘烟，曾引得多少人为之羡慕。他们衣着体面，不用下地干活，不用风吹日晒，到月就有工资，回来带的东西，都是我们平时不常吃到和见到的，人人都羡慕他们，渴望成为他们……身边有这样一个实实在在的案例，自然，长大成为一名城里人，就成为我的最高理想。

可能由于写得真实，情真意切，那篇作文被老师当成范文读了，这也令我记忆更加深刻。

我的爸爸

我爸非常重视教育，这点和村里的其他家长不太一样。在我们村，其他家长基本都认为，女孩子上学没用，识两个字就行了，反正长大了都要嫁人，上学就是白花钱，所以大多读到初中就不读了，有的小学一毕业，就结束了学业。

我爸从没有这样的想法，他从一开始给我明确的道路就是，读高中，上大学，然后留在城里工作和生活。所以爸妈很少让我干农活，他们给我留出充足的时间，让我能好好学习，天天向上。

自然，他们对我的学习，要求也十分严格。

别的孩子放学后可以出去玩，我不可以；

别的孩子寒暑假每天给牛割草，完成任务后其余时间可自由安排，我不用割草，也没有自由；

别的孩子整天聚在一起玩儿，可我大部分时间都只能是一个人。

只要我爸在家，我的神经就高度紧张，我感觉他时刻在监督我的学习。他常常一边在院子里干着活儿，一边说着这样的话：你看那个谁谁，人家每次都考第一，你和人家比，连个小拇指头都不是。说到这里时，他会伸出右手的小拇指，比画一下，然后接着说，你才考这点分数，就尾巴翘天了，虚心使人进步，骄傲使人落后，你要不努力，你将来啥也不是……

那时我坐在窗前的书桌旁学习，他的话一句句像鞭子一样打在我的身上。我很委屈，但不敢怒，也不敢言，只有牢牢地坐在书桌前，努力看着眼前的书，算着永远一团糨糊的算术。

我的语文成绩很好，经常在班里数一数二。我认生字不用太费力，读课文觉得像唱歌一样快乐，连帮我妈烧火时嘴里也念念有词，脑海里是一幅一幅画，完全沉浸在那些画面中，哪怕在大热天，也不觉得烧火是件苦差事。我妈常说我喜欢念“书歌子”，给我的婶子大娘们都说。她表面上是埋怨，说我烧火不好好烧火，但我知道，她其实骄傲得很，这说明我是一个十分爱学习的好孩子。

但我的数学就不行了，怎么也算不清楚那些数，尽管已经很努力，只要稍微复杂一点就算不清楚。好在到了二年级时，总算开窍了一点，我清楚地记得开窍的那一刻，好神奇，那天我们在教室门前的空地上拉开距离考试，每个人都趴在自己的小板凳上，我虽然数学成绩不好，但数学老师很喜欢我，考试时不会的题，他会悄悄告诉我一两道。那次考试我连问了两道计算题，都得到了答案，心里别提多高兴，当想问第三道时，我看到老师皱起眉头，已经有点不耐烦，但心里还是有期待。我用铅笔指着那道题：8+4=？一脑门汗，等着老师再告诉一次。老师果然不耐烦了，他说 8 加 4 不知道等于几吗？8，再多加上 4 个数，不是很简单吗？不知道为什么，他这一不耐烦竟使我的脑袋突然灵光了，原来8加4是这个意思啊！就是 8 再加上 4 个数，我突然一下子就明白了什么意思。那次考试，余下的加法题和减法题，我竟一下子都会算了！

可是数学也就是这样了，仍然不灵光，学得很吃力，顶多是中等，整个小学期间都是如此。好在语文很好，语文成绩在一定程度上中和了数学的不足，五年级小学毕业时，顺利升入了乡里的初中。

那时候，一个班里三十多个孩子，能升入初中的，不到一半。

尽管我爸是一个严厉的人，对我的学习要求十分严格，但同时，他也是一个十分能干的人，头脑非常灵活，给我提供了良好的生活和学习条件。二十世纪八十年代初，我和弟弟还很小时，他开始做生意，在村里开小卖部，每天赶会卖服装，开始是骑自行车，他和我妈一前一后，他在前面用自行车驮着一个大条筐，里面满满地装着从市里进货来的日用百货，我妈在后面，带着搭架子的一捆竹竿。他们每天天不亮出发，附近哪里有集会去哪里，中午散会后回来，这样持续了一段时间，赚钱后买了一辆机动三轮车，才轻松一点。

但即便他们做生意很辛苦，也占用了大部分的时间，地里的活儿同样不落人后，家里麦子的亩产，年年都是拔尖的。我们家还是村里第一户买电视机的人家，也是第一户买钟表、电唱机、组合家具以及电风扇的人家。1998 年，我去郑州读大学，爸妈带着所有的积蓄，开始到商丘市做生意，后来一路披荆斩棘，在城里稳稳扎下了根。

家里人都说，我的性格更像我爸，干啥都不服输，天生头脑灵活，运气也好。

我的妈妈

相比我爸的严厉，我妈则是一个十分温柔和善良的人。

小时候，有一次我妈用缝纫机做了两个枕头套，说好一个给我，一个给我弟弟。快做完时，我妈才意识到布不够，只能一个带花边，一个不带，那个不带花边的看起来光秃秃的，不太好看。我和弟弟都想要那个带花边的，不给谁都得生一场气，惹哭一个。

还没做完，我妈就开始给我使眼色，一边对弟弟说：“带花边的不好看，还是这个不带花边的好看，不好看的给你姐，谁让她平时不听话！”这样说了好几遍。起初弟弟半信半疑，但看我妈说得那么肯定，那么有理，慢慢就信了，也觉得还是不带花边的更好看些。我心里憋着笑，和我妈共同守着一个心照不宣的秘密，别提多高兴。最终我和弟弟都如愿以偿，各自得到了自己觉得更好的那个。

刮大风的夜晚，我们守着一盏煤油灯，听妈妈讲故事。风在村庄的上空呼号，从一个地方到另一个地方，妈妈说，就是在这样的天气里，有一个老爷爷，家里没有吃的了，儿女也不孝顺，把他赶出家门。老爷爷拄着拐棍，去要饭，夜晚只能睡在桥洞里……我听着外面呼呼的风声，脑海里想象着那个可怜的老爷爷，难过得泪水涟涟。

有一年村里真的来了一个要饭的老人，是一个老奶奶，她坐在路边上，面前放着一个柳条篮子，一根打狗棍。天快黑了，看的人一批批来，又一一散去，他们感叹着，然后回家忙着自己的事情。

最终是我妈把那位老奶奶领回了家，让她在我家住了下来。

妈妈善良的品质，也融进了我的血液里。高中时学校不远处的一个破草庵下，有一天躺着一个衣衫褴褛的人，大冬天，滴水成冰，十分寒冷，他的破棉衣露着棉絮，光脚躺在肮脏冰凉的地上，蜷缩着一动不动，我看了心里十分难过。但我只是一名学生，住校，家也在几十里之外，能做什么呢？我像其他人一样，看了一会儿，又无奈地走开，可是当我坐进教室里好大一会儿了，那一幕还是久久地在心上徘徊，担忧和难过的感觉越来越强烈。最终只好又回到那里，我准备把他送回家，交给我妈照顾，我想我妈一定不会嫌弃他。好在，当我回到那里时，这个人已经不知去哪儿了，一定是有好心人帮了他，我心里暗暗松了口气。

虽然我爸对我和弟弟严厉了点儿，但我妈却是极尽温柔和疼爱的，她很少打骂我们，我每多学会一样家务活，都能得到及时的肯定和表扬。上大学之前，我几乎没有洗过衣服，每到周末，都是带一包脏衣服回家，每次回家，总能远远地就看到我妈站在村口张望着，有时候手里还端着碗，一边吃饭一边等。我返校后，她想我，经常一边干活一边哭，我的屋子她打扫得干干净净，物品一件也不动，保持着我离开时的原样。

我也是一个感情丰富的人，这点像我妈。

初中时，爱上读书

爸妈比较重视我的学习，所以不仅很少让我干农活，还会在每学期的开始，专门拿出几十元钱，让我购买和学习有关的参考书，并让我订阅一些杂志。

我订阅的第一本文学期刊是《少年文艺》，记得某一期里面有一篇文章，题目是《鸽子》，我太喜欢那篇文章了，吃饭也读，走路也读，感觉梦里都在读，如痴如醉。我不相信那是人写出来的，认为是机器打出来的，只有机器才有那样的本领，机器本来就是打字的。

这样的文字读得多了，我开始在作文里模仿着来写，那些活学活用的辞章妙句，总是能让老师眼前一亮，每篇作文里，都有被用红笔特意圈出来的好句子，几乎每篇作文，都被当作范文来读。有一次代表全校参加乡里的作文竞赛，竟然获得了二等奖，那对我是莫大的鼓励。

初一时，我在二叔那里发现几本“大部头”，我也不管是什么，拿到就如饥似渴地开始读。我二叔有这样的课外书，在那时的农村也是少见的。二叔据说特别聪明，但他在读高中时谈恋爱，影响了学习，后来干脆辍学结婚了。

因此他那里有一些课外书，就不奇怪了。

我从二叔那里拿到的第一本“大部头”是《红楼梦》。开始读时不太懂，也觉得有点枯燥，但我没有更多别的书，别无选择，所以就跳着看，开始专挑讲贾宝玉和林黛玉爱情故事的章节看，看得入味了，又回过头来一点一点细看，越看越着迷，越看越爱不释手。记得那是收麦子的季节，我放麦假在家，看了一夜的《红楼梦》，看到林黛玉死，哭得不能自已，至天明方才睡去。

爸妈一早起来下地割麦子，临走时和我说，让我上午给他们去地头送点水。可是等他们走后，我又睡着了，醒来发现已是上午十点多，赶紧烧了一壶开水，就往地头跑。

地里的大人们已经干了好几个小时的活儿，太阳又热又毒辣，他们渴得嗓子都快冒烟了，一直盼着我赶紧把水送到地头。左等等不来，右等等不来，终于等来了，打开喝时却发现，居然是一壶滚开的水！后来爸妈把这件事当作笑话讲给邻居们听，他们认为我是在家学习用功忘记了时间，这是我用功学习的证明，所以不仅没有责骂我，还觉得是一件很有趣的事情。

我爸虽然望女成凤，心切了些，在家有时说话难听，但他很是以我为自豪的，我虽然数学不开窍，但也勉强能达到中等，除了数学，其他各门功课样样好，所以总分稳定在班级前几名。所以我爸每到人场里，总是满脸自豪地夸自己的女儿，多么听话，多么爱学习，学习多么不用操心，这样的场景我经常遇到。

那些埋头读书的日子

初中和高中的每个寒暑假，我都是在埋头读书中度过的。

尤其是暑假，日子突然变得很长，每一天，我都在我们家的院子里，守着一院子的树影、一院子的寂静。爸妈不允许我出去玩，他们让我在家学习，可是我总是悄悄地在家看“课外书”，他们一离开，我就拿出我的课外书，他们快回来时，再换回课本。

我沉浸在那些故事情节里，主人公笑，我也笑；主人公伤悲，我也伤悲。老黄牛在院子门口的树阴下安静地反刍，猪吃饱了在圈里睡觉，母鸡整个上午都在院门口不远处的树林子里找虫子吃，偶尔回来，也是静悄悄的，一丝声音也没有。有时候我从书本里抬起头来，会有瞬间的恍惚，只有地上的树影在动，而时间，不知道又悄悄地向前走了多久。

不过院子上空的日头会提醒我，我也没忘记我的任务。我的任务是做午饭。我抬起有点疲倦的双眼，让思绪慢慢从书里的世界中回来，看看日头升高了，快十一点钟了，就放下书，拿起篮子去摘菜。

我家的小菜园里，夏天种着豆角、辣椒、茄子、西红柿，还有大葱，还有黄瓜和笋瓜等。黄瓜适合凉拌，笋瓜最宜用醋熘，其余几样蔬菜，都可以随意组合在一起炒。我到园里，豆角长得好就摘豆角，辣椒结得正盛就摘辣椒，再随手摘一个茄子、一两个西红柿、几棵大葱，就够了。

我还会蒸馒头、擀面条，每次我学会一项新技能，我妈总是使劲夸，说我蒸的馒头不软不硬，特别筋道，她都蒸不出这个味道。我擀的面条也是软硬适中，柔韧细长，她说是因为我的手劲正好，力道正好，和面时劲太大太小都出不来这个味道。她说得有事实有依据，不由得人不信。我听着这种夸赞，从不觉得做饭是多么枯燥的活儿，也认为做饭是我最重要的任务，理所当然，从不抗拒。

可是有一次，我却把馒头蒸坏了。我妈回来时，我还在烧火，一边烧火一边看书。我妈问我烧多久了，该好了吧？我说应该可以了。一掀开锅盖才发现，馒头已经烧成了黑炭，满满一篦子馒头，都黑乎乎的，就差没有着起火来。不用说，这件事又成为我用功学习的一个证明，我妈同样认为，是我看书太入迷忘记时间了。

经常快吃饭时，前面的邻居大哥就端着碗过来了，他一手端一碗面条，还攥一个馒头，到了我们家，一边吃一边问：你们今天吃的啥饭？我妈让他尝尝我们的菜，他就伸筷子尝尝，每次都会尝一些，但让他多吃一点他也不多吃。我是按辈分叫他大哥的，其实他的年龄比我妈还大，他爱和小孩子开玩笑，正月十五时只要见提纸灯笼的小孩子，他就告诉人家灯笼底下有个虫，说不信你翻过来看看。这话早就骗不住小孩啦，小孩都知道，要是把灯笼翻过来，灯笼就烧着了，大家都只当个玩笑听。可是他仍然见了提纸灯笼的小孩就告诉人家那些话，年年如此，不管别人如何笑他。

他还是个“媒婆”。他时常一边在我家吃着饭，一边发表着他的观点：女孩子，识两个字就中了，上学有啥用？都是白花钱，长大了不还是嫁人。我妈不反驳他，但也不接着他的话多说一句，只是随便回应着，自然，我那些用功学习的种种证明，也绝不会在他面前提起。他似乎也不期待得到别人的认同，一边说着那些话，一边吃着碗里的饭，吃完，悠悠然地回家去了。

午饭后，就是不约而同地休息。一个村子的人、牛羊、猪狗、鸡鸭鹅等，都进入午休模式，有的在自家的走廊下面，有的在村口的树林里，劳累一上午的人，躺下来很快就睡着了，发出香甜的鼾声。日头在上空悄悄地移动，地上的树影也悄悄地移动，脸上的树影移走了，灼热的太阳光终于把沉睡的人唤醒，他们于是起来，又开始后半天的劳作。我也开始重复上半天的生活内容。

我在那些寂静悠长的时光里，读了很多古今中外的经典名著，经常从书中抬起头来，是恍惚的，书里是另一个世界，我在那个世界里长时间地漫游，心情随之起伏。读《简·爱》时，我觉得自己就是简·爱，仍然记得当简·爱发出她的呐喊时，我的内心也会战栗和激动，她对罗切斯特说："你以为，因为我穷、低微、不美、矮小，我就没有灵魂没有心吗？你想错了！——我的灵魂跟你的一样，我的心也跟你的完全一样！……我们站在上帝脚跟前，是平等的——因为我们是平等的！"这话深深触动着我，是这样的，虽然我贫穷，不美，但我们的灵魂是一样的，任何人的灵魂都是一样的，爱同样高贵，这样的观点在我此后的人生道路上，可谓影响深远，我同样敏感又自尊，不屈而骄傲。《飘》中的女主人公斯嘉丽常说的那句"明天又是新的一天"，更是成了我的人生态度。无论遇到什么事，无论今天多么伤心难过痛不欲生，我都认为没什么大不了，太阳第二天会正常升起，明天又是新的一天！

在那些埋头读书的日子里，我悄悄地长大，渐渐变得不太合群，和村里的小伙伴们都玩不到一起。我有时候很羡慕她们，她们热热闹闹地，一起下地割草，下水游泳，她们总是在一起。我很想融入她们，可是在一起时，又往往觉得更加孤独，似乎总隔着一些距离，使我只能在她们的世界之外游荡。

我成了村里的第一个大学生

高考我考了两年。第一年，我的分数和目标院校的分数相距甚远，不得不复读。

复读的那一年，我开始认真思考一个问题：如果考不上大学，我能干什么？从小学开始，全家人的目标就只有一个：考上大学，将来在城里工作和生活。我也将这视为唯一的目标。可是当结果即将揭晓，呈现两种可能时，我内心的担忧和恐惧突然浓重起来。

那些一起长大的小伙伴，最多读到初中毕业，有的打工去了，天高地远，再无影踪，偶尔能从她们的父母那里听到一点消息，多是她们的父母向人炫耀，闺女能挣钱了，没白养，给她们寄来了新衣服、钱，还有一些乡村里不常见到的吃的东西。有的嫁了人。我们都长大了，像蒲公英的种子，被风吹到各个角落，在那里生根，发芽，成长，一年又一年。童年越来越远，那些一起长大的日子，被时光永远地抛在了后面。

这些年，我一直在上学，初中的后两年住校，然后一直到高中，都住校，只在周末才回家两天，寒暑假在家也很少出门，邻居们时常以为我不在家，问我妈我放假去哪里了。从没想过出去打工，更没想过结婚嫁人，可是我身边的那些小伙伴，她们都是这样安排自己的生活，如果考不上大学，我能做什么呢？我难道有别的出路吗？

没有。摆在面前的，似乎只有一条路，那就是考上大学，一定得考上，否则我不知道自己能干什么。况且，一直以来，父母以我的学习为骄傲，如果考不上，他们的脸面往哪里搁呢？所以考上大学，成为那时全家人共同的目标和希望，全家人的希望都集中在我的身上，使我在内心一下子长大了，开始真正为自己的未来努力和着想。

复读那年到最后，我的学习成绩直线上升，最好的一次，考到班级前十名。高考时更是如有神助，最不好的数学，选择题瞎蒙的几道全蒙对了，临交卷时把一道题的“B”误改成“D”，结果正确答案居然就是 D，就是这么神奇。那年高考成绩出来，我的总分是在全校六七百名考生中排名四十多。

高考成绩快出来的那几天，我每天去学校等消息，然后心事重重地回到家。爸妈观察着我的脸色，最后总会忍不住问一句：成绩出来了吗？有一次我快要被“考不上怎么办”的压力折磨得支撑不住了，在被又一次殷殷问询时，索性不管不顾地发泄着情绪：没有出来，没有！别问了！我看到我爸的情绪瞬间被点燃，想发作，被我妈拦住了。全家人都压力重重，哪怕一句不适当的话，一个不合适的表情，都有可能把情绪压垮。

那年我距本科线还差 6 分。分数出来之前填报专业，咨询了一位在城里工作的亲戚，问什么专业最好就业，亲戚思忖片刻，说看到人才市场上营销专业的人才需求较多。于是，我就填报了一个市场营销专业。一切以就业为目的，考大学的唯一目的，就是为了能在城里工作和生活，摆脱土地上繁重的体力劳动，就业是第一位的，没有考虑过兴趣问题，这也根本不可能成为当时考虑的内容。

兴趣？谁有心思多考虑一分这个呢！我的兴趣是读书，我喜欢写东西，初中到高中，日记写了厚厚一摞，可是这些能当饭吃吗？在大人眼中，这是不务正业，是在浪费时间，所以，我的那点兴趣，一直是偷偷进行的。

我以全系第一名的成绩考上郑州市的一所大专学校，比系里的平均成绩高出 100 分左右。其实什么学校都无所谓，只要能接着上学就可以，这样暂时就不用想以后的事情了。我妈用一条床单裹着我的生活用品，打了一个大包，我爸把它扛在肩上，送我去报到。那是我第一次出远门，我们一路坐长途汽车，到了车站后坐 1 路公交车，路上我爸怕错过站，请求司机到站了提醒我们一下。我爸说："同志，到站了麻烦您'叽声'一下。"那个女司机看都不看我们一眼，一脸不悦地说，又不是鸟，不是虫子，怎么"叽"一声呢？！我看到我爸面露难堪之色，小声解释了一句："方言嘛，没有别的意思！"我心里很难过，但不敢说一句辩解的话。

那是 1998 年，我成了我们村的第一个大学生。不管未来如何，我总算从那个小村庄走出来了，世世代代，祖祖辈辈，村里没有出过一个大学生，因此虽然学校很普通，只是一个大专学校，但全家人都感觉很高兴。我也松了口气，心里的巨石终于放下了！

我的兴趣和爱好

上了大学我才知道，我对营销一点也不感兴趣，我唯一热爱的就是读书。大学三年，我是周边租书小店的常客，几乎把感兴趣的书都读遍了，上课时总是坐在最后一排，老师在前面讲什么完全不知道。

有一次正在埋头读书，一支粉笔投了过来，正打在额头上，我忐忑不安地抬起头，看到老师正不满地看着我。他问我，你看的什么书？我把挡在这本书前面打掩护的课本拿开，诚实地说，老师，这本书没有皮。是的，那本书的确没有皮，由于一时紧张，书名也忘记了，全班同学哄堂大笑，老师倒也没说什么，只是嘱咐上课要认真听讲，让我坐下了。我就这样度过了大学三年的时光，只在考试时熬夜临时突击，也总能有惊无险地过关。

除了读书，那时候也开始练笔写文章，小学到高中，我的作文一直很好，经常被当作范文来读，大学时系里成立了文学社，后来由我主持，每个月的一期系刊，成了我发挥的主要阵地。我只爱读书和写作这两件事情，在写作方面算是有一定特长，所以大学毕业后，我的同学们大多从事和销售有关的工作，我的择业方向，则一直与文案相关。第一份工作，是一家房地产公司的文案，月工资600元。那是2001年，我租住在都市村庄的一个套间，每月房租是50元，郑州街头的一份麻辣烫一块五毛钱，这个工资勉强能养活自己。

整天都在为生存努力，感觉“理想”这个词离自己很远，似乎根本就没有资格去想。最好的年龄，没有多余的钱买漂亮衣服，每天早晚，骑一辆二手自行车，奔波在郑州市的大街小巷。有一次傍晚下班后在路边小摊吃饭，放在一旁凳子上的包包突然被人抢走了，反应过来后追上去好远，累得气喘吁吁，最终也只能眼睁睁看着窃贼跑远消失在人海中，等失魂落魄地回到公司楼下，想骑上自行车回家，却发现自行车也不见了。这一幕至今难忘，同一天里，我失去了两样最重要的财物，生活一下子陷入困境。

刚毕业的那两年，不断地换工作，换租住地，随着工作经验的提升，工资慢慢涨了起来，日子才越来越好。后来到报社工作，稳定下来几年。

动荡不安的生活里，唯一不变的，就是读书和写字，这已成为习惯，也是我生活里最大的乐趣、唯一的光。报社离省图书馆比较近，我办了一张借阅证，周末的大部分时间，都是在省图的自习室里度过的，那里有备考的学子，有和我一样的文学爱好者，到地方后，我总是先在书架上挑选一摞感兴趣的书，然后坐下来慢慢翻阅。自习室里安静极了，只能听到翻书的声音和笔在纸上游走的“沙沙”声，连偶尔起来走动换书的脚步声都是轻轻的。我特别迷恋这样的氛围，临走时，我会把喜欢的书借走，带回去慢慢看。

工资高一点后，开始买书，床头的一个小书柜很快就满了，每天最幸福的时光，就是下班后，一人独守一室的安静，看书，写东西。时有“豆腐块”发表在报纸的副刊上，随之而来的，是一笔小小的稿费，那是我最珍视的东西，我觉得用自己的文字换来的钱最有意义，最令人开心。

那时候我开始穿棉麻的衣服，对那些天然材质散发的质朴温暖的色调，难以抵御，感觉那就是我内在的一部分。大量的阅读和写字，让我的自我意识开始苏醒，多想两耳不闻窗外事，一心只做个读书人啊！年少时的那些埋首读书的时光，成了最期待的生活模样。

可是我仍然只能被生活裹挟着走，然后是结婚、生子、还房贷，从来没有想过为什么一定要这样，大家都是这样，人生似乎理应如此。26 岁结婚，尽管婚前就有许多担心和不甘，但那是适合结婚的年龄，如果不结，不仅家人着急，自己也焦虑，后来有了孩子，生活更是陷入日复一日的重复、琐碎和忙乱中。理想是什么？理想是那天上的星星，只能仰望，岂是我等凡人可以企及？很多次，忙完一天的工作，我躺在黑暗的夜里，一任泪水湿润眼角，为生活多艰，为理想的遥不可及！

从大学毕业到结婚，中间有五年的时间，这五年，我都在为基本的生活努力。幸好有书做指引，让我知道在这个世界上，有“理想”这回事。有人一直在理想地活着，人是可以理想地活着的，也让我明确了我的理想生活是什么。在此之前，我仿佛滚滚长河中的一枚小小的落叶，被流水裹挟着走，哪怕一阵风，都可能改变方向，但在这之后，我不再甘心只做一枚随波逐流的落叶了，开始想要掌控自己的人生方向。

对我影响巨大的几本书

我读过很多本书，但知识面并不广，更多是把读书当作消遣，因此仅能读进去自己感兴趣的书。对那些散发着泥土气息的清新自然的散文、随笔、美文，我仿佛有着天生的共鸣和喜爱。

那些年，每年都订一本杂志，叫《散文选刊》，里面的有些文字，我经常会反复读。记得有一篇文章，作者说："他愿做一条石缝里的小鱼，躲在那个清凉的世界里。"这句话，仿佛一道闪电一样钻进我的心里，令我忍不住反复地体会和品味。那也是我向往的，我也想做一条石缝里的小鱼，躲在自己的世界里，只关注自己就可以了，鱼和鱼之间都不用说话，大家在同一个空间，却是各自独立的存在，累了就躲在我的石缝里，石壁清凉，什么都不想，一个人，自在，安然。

后来读到一本书，是俄罗斯作家普里什文的《大自然的日历》，太喜欢了，他写的大自然和在大自然中的生活，使我产生了强烈的共鸣和向往。我经常反复品读，每当心绪不宁时，觉得生活了无趣味想要挣脱却不可得时，我总会把那本书拿出来。它像一道甘泉，滋润我干渴的心田，让我知道在现实世界之外，一直有另外一种可能，有人正在那样生活着，它像一道光照耀着我，万物逐光而行，我本能地、强烈地想向那道光靠近。

在河南省图书馆里，我看到另外一本特别喜欢的书，叫《动物记 3：野兽足迹》，那里展示的又是另一个与众不同的世界。雪地上的一串足迹，就是一个动人的故事，追寻着那些深深浅浅时断时续的动物足迹，一个人完全沉浸在大自然中，和那只眼前并不存在的山鸡、狐狸或者兔子在一起，这样的人生简直太棒了！那本薄薄的小书，被我借回家反复阅读，后来到了归还时间，可是我舍不得，这也是我生活中的一道光，我舍不得让这道光消失。我以丢失为借口，把那本书强行留在了身边，后来它散架了，也有了网购，我又在网上淘了一本。虽然后来并不会时时翻看，但只要看到它在书架上好好地放着，我就安心。

大学时读萧红的《呼兰河传》，一见倾心，然后把萧红的所有文字以及有关她的文字，能找到的都读了一遍。我觉得萧红的心里住着一个孩子，一个天真烂漫的孩童，这个孩童不会随着时间的推移而长大，无论生活如何变迁，经过多少世事打磨，她始终是最初的模样，天真烂漫，一如既往。我觉得我也是这样，那个我看见的住在萧红心里的孩童，和我心里的那个一模一样。犹记在大学宿舍里读《呼兰河传》，读得废寝忘食，读到写小团圆媳妇死后："据说，那团圆媳妇的灵魂，也来到了东大桥下。说她变了一只很大的白兔，隔三岔五地就到桥下来哭。有人问她哭什么？她说她要回家。那人若说：'明天，我送你回去……'那白兔子一听，拉过自己的大耳朵来，擦擦眼泪，就不见了。若没人理她，她就一哭，哭到鸡叫天明。"我读到这里时，哭得不能自已，那个可怜的孩子，最终也没有回到自己的家，她成了一只孤独的白兔子，我一想到一只孤独的白兔子，活着时盼望回家，死后也不能够，可是她心心念念，灵魂仿佛只剩下这一场执念，就难过得不行。我觉得人生是那么艰难和无奈，仿佛一条无止境的旅途，每个人都只能向前走着，每个人都想回到自己的家，可是家在哪里？每个人好像永远都回不去。

但我最喜欢的，还是萧红写的这些话，她说：

“花开了，就像花睡醒了似的。鸟飞了，就像鸟上天了似的。虫子叫了，就像虫子在说话似的。一切都活了。都有无限的本领，要做什么，就做什么。要怎么样，就怎么样。都是自由的。倭瓜愿意爬上架就爬上架，愿意爬上房就爬上房。黄瓜愿意开一个谎花，就开一个谎花，愿意结一个黄瓜，就结一个黄瓜。若都不愿意，就是一个黄瓜也不结，一朵花也不开，也没有人问它。……蝴蝶随意地飞，一会儿从墙头上飞来一对黄蝴蝶，一会儿又从墙头上飞走了一个白蝴蝶。它们是从谁家来的，又飞到谁家去？太阳也不知道这个。只是天空蓝悠悠的，又高又远。……我玩累了，就在房子底下找个阴凉的地方睡着了。不用枕头，不用席子，就把草帽遮在脸上就睡了。”

萧红童年时的后花园，让我觉得一切都是那么熟悉，好像我就是从那里来的。那个在园里玩耍的天真烂漫的孩童，也是我，这个“我”其实一直都没有离开过我的身体，她一直好好地住在那里，我在这些文字里，和她再次相遇了。

后来每当有人让我推荐书籍，我都会从书架上抽出那本《呼兰河传》，告诉他们，这是我最喜欢的一本书。这本书我不知道买过多少次，因为它总是被我借出去，只要一借出去，就一去不复返，但我的书架上不能没有它。我可能会随时想翻看一下，不看时，同样需要知道它在书架上，我才安心。

长大后的理想

后来我又读到一本书，叫《下乡养儿》，作者带着她的女儿回到乡下，租住在一户农房里，她们养了小狗和小羊，给小羊割草，学习辨认野花野草，学种菜……她的女儿难以适应原来的生活，换了几个幼儿园都不行，带着孩子回到乡下，似乎是一种无奈之举，但作者笔下真实的乡村生活图景，却让我产生了深深的向往，成为我理想生活的清晰模样。

尽管我喜欢普里什文笔下的大自然，向往在那些空旷的地方，一个人，和大自然对话，观察四季怎样变迁，泥土地上的生命如何缓慢地发芽和生长，将自己完全地归于沉寂，独自清欢，可是这样的梦想毕竟太遥远了。我去哪里寻找这样一处无人的乐园？又如何能摆脱当下生活的羁绊？那就像是天上的星辰，熠熠生辉，不落凡间，不属于凡人。而我是如此普通的一个人，普通到在当下的生活中，几乎不可能有任何改变。

但像这样回到乡下，在城市的郊区，拥有一个小院子，一片小菜园，似乎并不是完全不可能实现的事情。我甚至在脑海里想象出那个小院子的模样：一个四合院，院子里要有一棵桐树，在正房的一角，高大，茂盛。我要养一窝小鸡，春天时，粉白色的桐花落到地上，小鸡在那里翻找虫子，跑来跑去……还要有一口压水井，井水沁凉，一些不常走动的角落，长着碧绿的青苔，望之清凉。我会开辟一个小菜园，种菜，读书写字累了，就去提来清凉的井水，给我的蔬菜浇水，我赤着脚，挽起裤腿，泥土地松软，我一棵一棵地浇，认真而仔细，清凉的井水在太阳下闪着光。那些禾苗喝饱了水，都长得很精神。然后我坐在地头，看一会儿它们，蓝天在头顶悠悠，也许会有蜜蜂和蝴蝶飞来飞去，风轻轻的，我不说话，只和它们在一起。

但那时候我结婚了，还有了孩子，孩子很小，同时还计划着再换个大一点儿的房子。我谈不上是父母的骄傲，但总算从农村走了出来，在城里结了婚，买了房，工作和生活看起来都不错——算是完全实现了当初的愿望。而且，这不就是很好的生活吗？一辈子健健康康、平平安安，一家人整整齐齐、体体面面，没有太大的生活压力，齐心携手向前，为更优越的生活条件、更丰富的物质享受努力，对于普通人来说，所谓幸福的生活，理想的人生，不就应该是这样的吗？尽管心里热切地向往着另外一种生活，但在现实里，我仍然努力地向着世俗的标准前进着，只在那些黑暗的夜里，在一天的工作彻底结束后，才有机会把理想翻出来看看，一任泪水流下眼角，为生活的多艰，为理想的难以实现。

我在第一段婚姻里，感情备受打击，多少次深夜痛哭，多少次对生活充满绝望，渐渐变成了一个对方眼中强势的女人，有时不可理喻，有时歇斯底里。我面目全非。我要离婚，可是离婚并非真实目的，我只是无奈，无力改变这一切，想彻底了结。一次次地想离，又一次次在父母家人的劝说下，也因为内心的软弱和无力，选择继续眼前的生活，同时也心存着希望，也许慢慢就好了，谁不是这样磕磕绊绊过一生呢？也许生活本来就是这个样子吧！

但最终还是离了。生活不让我苟且，它连苟且和妥协都不让，它一定要给你更大的打击，让你退无可退，逼着你做出那最后的选择。这时父母的劝告，旁人的目光，对自我的怀疑和否定，对未来的担忧，统统顾不上了，一种蓬勃的原始的力量在心中升起，只知道如果不离我会死，别无选择，我得活着。

可是离婚并不是痛苦的结束，相反，却是另一种痛苦的开始。孤独，彻骨的孤独，像是被全世界遗弃，看不到希望，迷茫，想不通为什么。我曾那么纯粹而美好，单纯地爱着一个人，热爱着这个世界，却被无情地一次次打击，到底是为什么？

所有的理想这时候都熄灭了，似乎忘记了还有“理想”这回事。我用汗水和文字排遣着内心的孤独和痛苦，这是当时唯一能做的事情，每周七天时间，差不多五天工作之余在健身房挥汗如雨，回到家，每当夜深人静，孤独和痛苦悄悄袭来时，打开笔记本，把滚烫的思绪诉诸笔端，直到情绪平复下来。

这样过了半年的时间。半年后，我仿佛经过了一场烈火的淬炼，从生活的泥潭里爬出来后，眼睛里又有了光，又开始像从前那样，每天写点小文章，并且通过文字，在网上和现实生活中，有了新的朋友。那些一路走来曾照亮过我的光，重新被看见，生活在我的眼中，重新变得可爱又充满希望。

因缘和境遇

我出生在豫东平原上的一个小村庄，一起长大的有好多小伙伴。我们生活在同一片土地上，饮同样的水，食同样的五谷，受同样的风化教育，但后来，境况却千差万别。

在我们懵懵懂懂踏上人生旅程的那一刻，身边最好的生活案例，就可能成为我们的人生方向和目标。因为有在城里工作和生活的亲人，所以最初时我的理想自然就是成为他们的模样，而在那个年代，对于农村的孩子来说，要实现这样的目标，读书是唯一的途径。因为我有那样的爸爸，所以有条件一路读下去，因为我有那样的妈妈，使我虽然被严格管束，心理有一定程度的创伤，但同时也感受到很多疼爱，一直有力量爱人、爱生活，因为我有那样的二叔，所以我得以在年少时爱上读书，而读书，不仅塑造了我的三观，更直接影响了后来的生活。正是在那些文字里，我的灵魂认出了自己，并在不知不觉间本能地向它靠近。

那些使我们产生深深共鸣和振动，让我们强烈向往的人事物，一定和我们拥有同样的能量频率，同频才能共振，所以，在那些人事物的身上，映照出的无不是隐藏在厚厚封印之下的“自己”。混沌初开的岁月里发生过那么多事，我的记忆里，却只清晰留下了那十二幅画，那十二幅画的底色是寂静，背景是乡村的泥土地，内容是泥土地上的悠然恬静的生活，这一切，都照见了那个内在的“我”。所以后来读书，我只对那些散发着泥土气息的文字有兴趣，并对泥土地上的生活产生了深深的向往，而终极要寻求的，就是那一方清寂。

2014年年底，我辞去工作，正式脱离原来的生活轨道，向着理想的生活出发了。

这是一场向自我靠近的漫漫旅程，我在内心声音的驱使下，懵懵懂懂地上路，并不知道前方到底有怎样的旅程，只是做了每一件当下想做又能做的事情，但生活，由此翻开了新的一页。

第三部分

循着内心的声音走

从城市走向田园

开始，我建了一间小木屋

长大后，当理想的生活模样日渐清晰后，一粒梦想的种子就在心田里悄悄种下了。

每一粒种子的梦想都是发芽，成长为本有的模样。所以，它也在悄悄汲取着有助于发芽的一切元素，当元素具足，谁也无法阻止一粒种子的破土而出，这是生命本能的需求。

2014 年的秋天，我“突然”辞职了，要去乡下租一个小院子，种菜种花，养鸡养鸭，回归田园，记录生活。这个“突然”是他人的感觉，在很多人看来，这绝对是心血来潮、不切实际，甚至是一种不负责任的逃离。生活有其固有的轨道，你偏偏要脱离轨道，特立独行，等着看吧，就是一个笑话。

我就从他人眼中的一个“笑话”开始，在郊区的一个农场里，租了二分地，建了一间小木屋。（这段心路及建设历程，在我的第一本书《我的田园生活》里有过详尽的记录。）永远记得那一天，小木屋还在搭建，我坐在对面，中间隔着几洼白菜，暖暖的秋阳打在身上，一只漂亮的七星瓢虫沿着我的裤脚向上爬，白菜喝饱了水，在生长，空气里饱含清新的泥土气息，觉得一切像一场梦。我正在实现一个原本认为难以企及的梦。

从 2014 年 10 月到 2015 年底，除了早晚在家照顾孩子，白天我总是在我的小木屋里，我在那里读书、写字、种地，远离人群，真正和泥土打交道，和大自然在一起。从植物身上，我看到了很多，也学到了很多。刚移栽的黄心菜，因为不适应新环境，太阳一晒，原本都蔫了，但老乡告诉我，心不死，就没事，这一现象后来曾多次给我信心，无论遇到多大的困难，心还活着，我就知道没事。我曾观察过一只喜鹊，它站在一截篱笆桩上，灵巧地转动着脑袋，尾巴随着身体的转动一翘一翘的，我突然明白，尾巴原来还是鸟儿的平衡器，心里一阵窃喜。那时候园里最多的鸟是喜鹊和麻雀，麻雀是一群一群的，喜鹊是一小队一小队的，平时人很少，它们在园里随意地起飞和栖息，显得整个园子特别空旷。有一次我坐在窗下的书桌前写字，一只喜鹊突然落在外面的窗台上向里张望，我抬起头时恰好和它四目相对，一人一鸟，隔窗相望，那一刻，世界安静，时间仿佛停止了。

喜鹊不时发出类似相机快门的“喳喳”声，这声音伴随了我一年多，我在小木屋里听到的最多的声音，除了风声雨声，就是喜鹊的叫声，后来不管在哪里，只要一听到喜鹊的叫声，在小木屋里的那些和大自然相伴的时光就会浮现在眼前。那是一段专心致志心无旁骛的日子，我仿佛一株庄稼，终于回到了渴盼已久的泥土里，拼命地汲取着营养。我感觉周身鲜活，内心时常像有一股清澈的溪水汩汩流淌，自觉内外清澈娟秀。

在这样的身心状态下，我观察过一片随风起舞的树叶，看到一截被埋进土里当成木桩却又神奇地焕发新芽的老树桩，记录了春天里的喜鹊筑巢，树枝变绿，第一朵花开，第一声蛙鸣，第一声春雷……木屋的窗下我曾种下几块芍药的根茎，整个冬天，那里都光秃秃的，和其他地方没什么两样，可是有一天，我突然发现那里的泥土鼓起了一大块，生命的复苏和萌动，曾给我带来无限的欣喜。

这是一个人的清欢，无数次，我为大自然的某处细微的变化，或欣喜，或感动，或忧伤，我和它们完全在一起，我是它们，它们也是我，我能敏锐地发觉它们的每一个变化。那种战栗，那种心流，唯有我自己知道。在一个傍晚时分，远处传来一阵鹅的叫声，那叫声曾使我忧伤，我的眼前仿佛出现这样一幅画面：一群鹅，它们本来有着雪白的羽毛和鲜红的下颚，此刻却浑身肮脏，白羽毛上沾满灰黑的泥水，那还不是吃晚饭的时间，我不知道它们为什么而叫，但那声音却莫名地使我忧伤。我想起很久以前，那些飘在村庄上空的炊烟和牛欢马腾的画面，热闹而温暖，可是这些已经消失很久不见了。

那时候，我只和植物虫鸟对话，神经越来越敏锐和纤细。没人的时候，我经常出去走走，看花的时候，觉得自己就是那花；看鸟的时候，觉得自己就是那鸟；花朵的颜色有多明媚，我的心就有多明媚；鸟儿的眼睛有多清亮，我的眼睛就有多清亮。我的心被心底的那股溪水洗得干干净净，热爱的万事万物，都能在上面映出自己的影子。

可是偶尔从书本里抬起头，不安全感也会油然而生，一年多的时间，写了六七十万的文字，却换不来可以果腹的面包，对未来的不确定和担忧时常会困扰我。曾想过能否理想和现实兼顾，中间重新去找了一份工作，但当面临选择时，我不禁再一次有了这样的思考：如果重返工作岗位，可能这辈子都没有机会再次为理想付诸行动了！

在理想和现实冲突时，我选择了坚守理想，但现实的压力，也迫使我不得不做出一些改变。我想看看能否在不影响理想生活的前提下，做一点事情，有点收入。

2015 年底，媒体报道了我的故事，作为一个“为梦想努力的特立独行的人”,一时引起很大反响,几乎占据各大网络的头版头条，报纸和电视台也争相报道。虽然质疑声四起，但这也给我带来了一些机会，正是在这样的情况下，我有了一些选择，得以到了后来的荥阳市竹川村，在那里打造了一个非常理想化和个人化的园子——“我的田园”，并于 2016 年底正式搬到园里居住，开始了真正意义上的“我的田园生活”。

一年后，我有了一个大园子

居住在小木屋的一年多时间，单纯从现实角度来看，并没有给我带来实质性的收获，但它对我的影响却是无比深远的。虽然后来为现实所迫，我不得不把更多的时间用来做其他事情，但它让我体会到那种物我两忘的类似心流的感觉，体会到专注地做一件事情，心神归位，聚焦自己，是一种多么大的幸福。它就像灯塔，让我不迷路，我知道我做的一切事情，都是为了能够有条件心无旁骛地再回到那种状态里。

“我的田园”2016 年初开始建设，那是一块二十多亩的荒地，三面环山，山是小土山，准确地说是丘陵，农场主用推土机把地推平了，刚刚开春，上面光秃秃的，连一根草芽也没有。我要在山体上凿洞而居，然后把这二十多亩地划分成小块，以二分地为单位，出租出去做家庭农场。（这个过程，曾完整记录在第二本书《徒手打造一座园子》里。）

虽然过程极尽曲折，中间迫于经济压力，不得已卖掉了城里的房子，但在那年的年底，我真的在城市的郊区，拥有了一个小院子，养了几只鸡，开辟了一个小菜园，带着我的女儿和狗狗，开始了梦寐以求的生活。我多么欢喜啊！尽管在很多人看来，为了这一切，中间经历了那么多波折，吃尽苦头，难以想象，不值得，但我只有无限的欢喜，无限的满足和感恩。在按照约定时间把城里的房子交出去时，我对那个住了十年之久的家，连一丝伤感都没有，满心都是对新生活的向往和期待。

刚修建好的窑洞小院光秃秃的，加上是冬天，看起来没有一丝生机，但有一院子的鸡鸣狗吠，有我热气腾腾的心，这样一颗心，使整座视觉上荒凉无比的园子，带上了一层温暖的色彩。一切都是美的，阳光是干净明亮的；枯草倒伏的姿势是优美的；有风的日子，窑洞里温暖宁静；雨后大雾弥漫，园子更是若画若仙；终于可以经常看到霜花了，那是记忆中小时候常有的景象，是我时常怀念的景象；刚买回来的母鸡，居然第二天就下了一个蛋，我和女儿围着那个鸡蛋，开心了半天，猜测是哪只鸡下的，要给它额外的奖励；我们捡回来的那只名叫球球的小泰迪犬，很会看家护院，邻居的大黄狗来，一定要把它赶出去才罢休；它脾气不太好，常和大鹅吵架，双方对峙，剑拔弩张，均趁对方不备，起而攻之，大鹅被球球咬过，球球也被大鹅拧过，院子里不时传来它们的争吵和尖叫声……

公鸡会在清晨，准时叫起太阳，不管太阳起不起床，我都会在鸡啼前后准时起来。舍不得多睡，早早呼吸上清晨清冽的空气，看黎明之前公鸡兢兢业业伸着脖子打鸣，看母鸡扑扇翅膀，伸伸懒腰，准备下架，看大鹅在圈里转圈，着急出去，看小狗在园里奔跑，看太阳在对面的小山头冉冉升起，一下子光芒万丈……这一切都太有意思了，都胜过冬天的热被窝。

我在鸡声晓月里把早餐做好，然后，就着满院子的鸟鸣声吃早餐，然后送孩子去上学。女儿转了学，新学校距离园子开车半个小时的车程，只需比往常早起半小时就行，用早起的这半个小时，不仅看了更多的风景，也把孩子的上学问题解决了。

一年后，我又做了窑洞客栈，棉麻布衣，皆是为了解决生计问题。做这些事情时，彦彦已经来到园里和我一起，我们曾是城里的邻居，住一个小区，孩子相差两岁，上同一个幼儿园，因两个孩子在一起玩而结识，彼此投缘，轮换接送孩子，关系越来越亲密。我搬到园里后，彦彦来看我，也喜欢这样的生活，知道我要投资建设窑洞客栈，投了一笔钱，从此，我俩风雨同舟，即是生活中的朋友，也是事业上的伙伴，一起走到现在，成为彼此生命中最重要的人之一。

那两三年，我一直在做事情，尝试各种机会，后来还做了一个卖农产品的 App，搞了个二级分销，不到两个月的时间，有六百多人跟着一起做。卖货的同时，我们开创了文学、绘画、自然课堂等社团，鼓励大家拿起笔，从零开始，一起写作、画画，后来过去好几年，还有朋友说她的绘画正是从那时候开始的，这时画得已经很好了。这个项目不久就失败了，因为农产品利润低，再弄个二级分销，一单赚不了几块钱，大家为情怀而来，发现情怀当不了饭吃，付出和收获不成比例，渐渐兴味索然，最终四散而去。

但我始终在生活，热烈而纯粹，那几年赚的一点钱，除了留够日常简单的开销，几乎都用来买花了，几年下来，原本光秃秃的一片地方，成了一个大花园。每到春天，都有无数的花朵绽放，吸引来无数的蜜蜂和蝴蝶，园子越来越热闹，项目的失败一点也不影响心情，我经常觉得自己是这个世界上最富有的人。

貌似那些年做了很多事，但现在回头来看，其实仍然只做了一件事，就是打造理想中的田园生活。一切事情，都是围绕这一件事情而来，所以，它们的成功与否并不重要，至少积累了经验，而我的田园生活，却在这样的“折腾”下，越来越美好。那是除小木屋外，另一段特别美好的时光，和小木屋时期一样，令后来的我经常怀念。

那些年，我的田园生活

2016 年 12 月 26 日，即将搬到“我的田园”居住之前，我在朋友圈写下这段话：

> 一个人如果能尽早地确定自己的人生方向，然后把一切的力量都集中用到这个方向上，尽管这个人能力一般，我们也有理由相信，他一定会取得骄人的成绩，成为一个不平凡的人。

12 月 29 日，又写下这段话：

> 一个小孩每天生活在大自然中，身边是植物、虫鸟、雨露霜雪，这个小孩长大后也许不会是一个多么成功的人，但她一

定会是一个纯净清澈的人，环境对人的塑造无与伦比。相比较而言，我觉得成为后面这种人更重要。

第一段话，我相信人生就是如此；第二段话，是对女儿的希望，也是我的人生态度。

2017 年 1 月 22 日，离过年还有一周时间，朋友圈的记录：

彻底回到了乡下，一切都已收拾停当，准备过年。从此我们和这两棵杏树，相互见证彼此的生活。

那年女儿一放寒假，我们立刻就搬了家，那也是卖掉城里房子的最后交房日期。搬家之前，我在院子里种下了两棵杏树，并在当天的日记里写道："我们和院子里的这两棵杏树一样，都是从一个地方到另一个地方，重新扎根，生长。我们都有一个适应的过程。我在院子里的生活，它们看在眼里，同样，我也观察记录着它们的生长状况，我们将相互见证彼此的生活。现在，我热切地盼望着它发芽，那时候春天就来了。这是我无比盼望的一个春天。"

那个春天，果真热闹无比，一院子的鸡鸣犬吠，满园子的热气腾腾。

2017 年 2 月 3 日，我记录了我们养的那只会"记仇"的大鹅。

我养了一只鹅，公鹅。有人说，公鹅又不会下蛋，养它干吗啊！

我说，公鹅虽然不会下蛋，但它和母鹅一样，会看鸡。我养这只鹅的目的是看鸡。

黄鼠狼怕鹅，听说闻到鹅的气味就望风而逃；蛇怕鹅，猫头鹰也怕鹅，很多乡村里常见的鸡的天敌都怕鹅。听说为了让鹅担负起看鸡的使命，需要把鹅苗和鸡苗从小就放在一起养，培养感情。

这几天，天气好时我经常把鸡和鹅从圈里放出来，让它们晒晒太阳。鹅不出来时，球球是这院子除我们之外的主人，鹅一出来，它大模大样唯我独尊的姿态，大概很让球球看不惯，一见了它就叫，声音极不友好。大白鹅也不甘示弱，常与球球怒目相视。

今天上午我在屋里，突然听到球球凄厉的叫喊，急忙出去一看，大白鹅正拧住球球背上的一块肉，死死咬住不放。旁边站着女儿跳跳和她的小朋友，两个人都吓呆了，竟然都没有去救球球。

听到球球呼天抢地的叫声，再看到它被欺负的情景，我心疼坏了，顺手拿起旁边的笤帚就朝大白鹅打过去。劈头盖脸连打了好几下，这个恃强凌弱的家伙才松了口。

没想到就在我用笤帚打过它的两个小时后，我正在院子里好好地走着，冷不防腿上被重重啄了一下，回头一看，正是这只大白鹅！

我都顾不得生气，而是惊呆了——它居然会记仇！

我确定它是记仇，而不是其他什么原因。因为我见过它拧球球，拧其他来到院子里的陌生人，都是拧住不放，被打也不轻易松口。这次明显是趁我不注意，从背后报复一下就赶紧溜开。

不过也是这个原因，虽然我被它报复性地拧了一下，并不生气。我觉得这只鹅智商很高，从此真不能小看它了！

那时候我们还养了一只名叫小白的狗，是一位网友捡了送到园里的。它总是咬鸡，有一次把一只母鸡快咬死了，发现时，母鸡脖子上全是血，几乎已经没有生命体征。我觉得埋了怪可惜，就想炖了，就在我准备把开水浇下去褪毛时，发生了神奇的一幕：

我烧了一大锅开水，准备褪鸡毛。烧水的时候，这只母鸡躺在厨房门口，几乎已经没有生命体征。等水烧开后，我把它抱进屋，放进盆里，就准备把开水倒进去。

就在这时，不可思议的一幕发生了！这只鸡突然站了起来，并且嘴巴开合了几下，显示出要吃东西的愿望。我不敢相信，把它按了下去，但是瞬间，它又站了起来。

那一刻，我不禁对生命充满了敬畏，万物有灵，生死关头，它有那样的反应，我想一定是感知到了什么。后来这只鸡又活了很久，瞎了一只眼，脖子始终歪着，我们都叫它“歪脖鸡”。

不久，关于歪脖鸡和小白，又发生了以下的故事：

昨晚我们准备关门睡觉时，跳跳去鸡窝里看了看，回来惊慌地说：“那只歪脖鸡不见了，只有10只鸡现在！”

我问她确定？她于是又去数了一遍，回答说确定。

我妈也走了过来，去鸡窝里看了看，说那只鸡确实不见了。

我没想别的，立刻把罪魁祸首定位在小白身上。这只鸡曾被小白咬伤过两次，现在眼瞎了一只，脖子也歪了，休养了这一大段时间才从窝里走出来，像正常的鸡一样，每天跑跑晒晒太阳。不用说，它这次失踪一定和小白有关，说不定已经被咬死在某个角落里了。

我说，快去小白窝里看看，因为上次就是在它的窝里发现了这只奄奄一息的母鸡。

小白这时候已经躺在窝里睡觉了，跳跳探头看了看，黑黑的，看不清。又去拿了把手电筒，一照，里面没有母鸡。

“但我找到了证据，这里有一根鸡毛，一看就是那只歪脖鸡的！”跳跳说。

她举着那根鸡毛，在灯下仔细辨认。小白在窝里，露出一个头，一脸不解地看着我们愤愤不平地说着话。

不过暂时也顾不上其他的了，得先找鸡。我爸我妈拿着手电筒，绕着园子走了大半圈，也没看到鸡的身影。后来又去果园里找，找了半个小时左右，才突然在鸡窝的篱笆外发现了那只鸡。让人惊喜的是，它完好无损，一点也没受伤！看来它只是出去玩，走得离家远了点，回来晚了，又因为眼瞎，天黑之后找不到家了。

鸡的事虚惊一场，但小白不是一条好狗的话题，因为这件事又被重提了起来。今天中午，我们一家人边吃饭边说：

“这狗和人不一心，人家那狗，都看门护院的，这是净在家搞破坏！”

“不仅吃鸡，还把兔子咬死了一只，确实可恶。”

“吃饭还挑食，只吃肉，刚蒸好的馒头给它都不吃，看看瘦的！”

“有它在家，家里没人时，鸡绝对不敢放出来。”

“将来再养了小鸡，可得防着它点。”

…………

后来我爸说：“照我说，这狗不要养了，有来收狗的，直接送给人家得了。”

我一听这话，心里“咯噔”一下，送给收狗的，不就等于给它判了死刑吗？虽然小白不太讨人喜，但一想到让它死，我绝对不忍心。

这时我看向小白。暖暖的春阳下，它惬意地伸直了四条腿躺在地上，正昏昏欲睡。突然觉得，我们这样公然在它面前说它的不是，还说要把它送给收狗的，它要是听得懂，那得多伤心！

夏天时，园子里的植物长得飞快，尤其爬蔓子的蔬菜，一天一个样，我曾专门测量过一株丝瓜一天到底能长多高。

在我的园里，很多植物是长了腿的，像丝瓜、南瓜、苦瓜、拉拉蔓等，你今天看它们在这里，明天一下子就到了那里了。但是当你盯着它们看的时候，它们又纹丝不动，你的眼睛都看疼了，它们还是一点动静也没有，好像在和你比赛看谁的定力更好似的。

我的好奇心就这样被引起来了。我想看看它们究竟是什么时间长的，一天到底能长多高。

我选了园里的一株丝瓜来做观察。这棵丝瓜一个月前种下，和它同时种下的有黄瓜和辣椒。现在黄瓜结了满架黄瓜，辣椒也开满了小白花，开始结辣椒。但是丝瓜现在既没开花，也没结瓜，它还在专心致志地爬架子，大概要一口气爬到最上面，才来做这些事。不过说到丝瓜，必须先来跑个题，我有一件关于丝瓜的不得不说的事情，必须得先说一说。

曾经我有一间小木屋，我在那里耕读一年有余。那年春天，我在木屋门前种了葫芦和丝瓜。我为什么要种这两种植物呢？因为葫芦和丝瓜都会爬架子。我喜欢一切会爬架子的植物。

种下后，我心里就盼着它们快点长大。但是最开始的时候，它们总也不长，今天看是这么大，明天看好像还是这么大，连一片叶子也没有多发，更别提牵藤引蔓了。

我这样盼了一段时间，看它们毫无动静，渐渐也就松懈下来。然而当我一不注意，它们就突然开始发力，有几天我没去小木屋，再去时就看到门前突然出现一架绿叶，没多久，突然就结了很多丝瓜和葫芦。

我要说的是其中一根丝瓜的故事。

这根丝瓜长了一米多长！我从没有见过这么长的丝瓜，我惊喜极了，每天不知看它多少次，给它多少赞美，不仅如此，我还把它晒到了朋友圈，引来了更多人的惊叹和赞美。

这么惊艳的丝瓜，我原打算等它自然老后，风干，连同顶叶一起，放在书架上，当装饰品的。但是，没过多久，就发生了一场“意外”。

那年快到秋天时，园里长满了荒草。我请人帮我除草、翻地，准备种萝卜和白菜，那天临走时，我给工人交代：“辣椒留下，其他的统统去除。”辣椒越冷越结辣椒，秋天正是盛果期，草丛中的黄瓜和豆角等，已经罢园了，都要拔掉。

到了晚上，接到这个人的电话，他说：“大姐，已经干完了，明天你来看看，除了辣椒，其他我都给你收拾得干干净净！我干活实在得很，这附近的人都知道。”

闻听此言，我心下一惊，突然有了一种不好的预感。我问：“我的丝瓜和葫芦还在吧？”他说：“都砍了，我觉得那没用，占地方。我一个人忙不过来，把俺媳妇也叫来帮忙，俺俩干一天才干完。”

我的眼泪当时就下来了。

第二天，我看到我的小木屋门前光秃秃、空荡荡的，满架的葫芦和丝瓜都不见了。我那个引以为荣的大丝瓜断成了几截，可怜兮兮地横躺在墙根旁……

从此，那根丝瓜永远地留在了我的记忆里。每当提起丝瓜，我就想说说它。

好，现在言归正传吧。

昨天，我选了园里的一株正在专心爬架子的丝瓜，做了标记，想看看它一天究竟能长多高，这时是清晨八点半。今天的同一时间，我带着尺子准时去看。虽然已经想到它会明显长高，但当我看到这个高度时，还是忍不住惊叹了！

我量了量，足足长了 25 厘米。真是好厉害！

夏天到了，我的园里，一天一个样，每天都惊喜不断。有人问我，你在这里时间长了不无聊吗？怎么会无聊呢，每天光看看这些，时间就愉快地哗哗流走了。

那年的七月，我开始拿起画笔画画，没有任何基础，但我的眼里心里都是画，强烈地想通过画笔来表达。

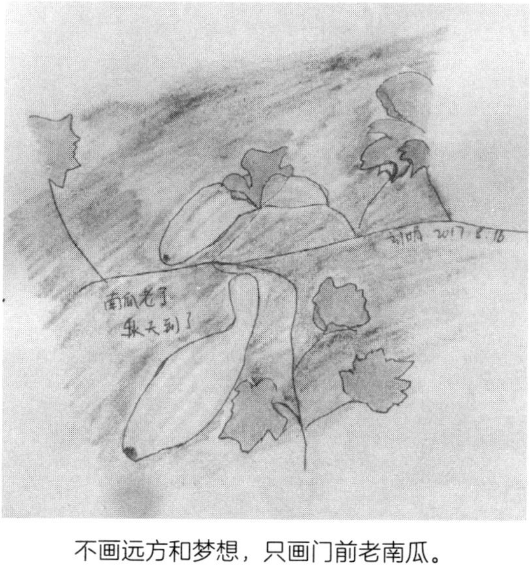

不画远方和梦想，只画门前老南瓜。

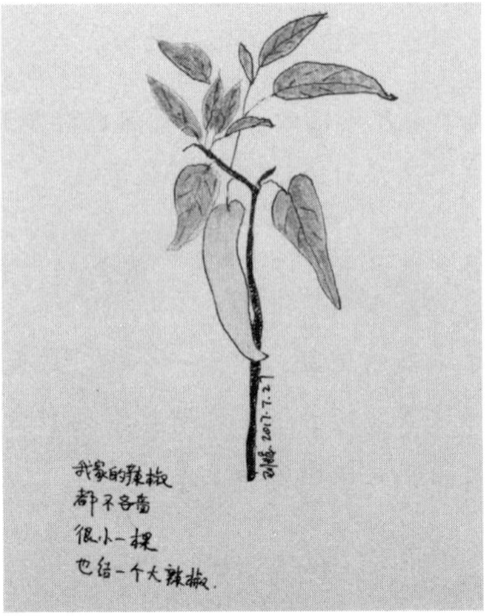

辣椒也是一幅画。

小梨树也是一幅画。

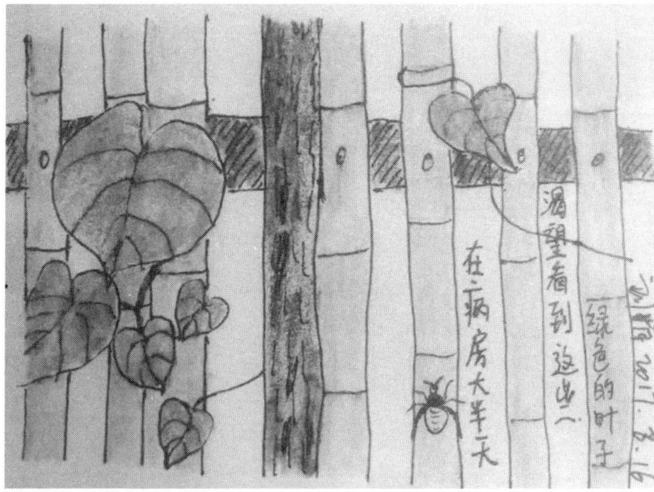

牵牛爬上篱笆，开花一朵两朵。

牵牛花给松树戴了一个大花环，松树喜气洋洋地站在路边。

除了书本与花朵，其他只爱素与朴。

从此不闻人间事，只说天气和虫鸟。

那时候，我满脑子都是诗情画意，一朵花，一株草，一只虫子，不管多么不起眼，在我眼中都是美的，都别有意趣。

开花

这朵玫瑰花犹豫了一整天
开不开呢？它想
它看看四周
大家似乎都没有动静
后来它决定也再等等
主要是这天天气不好，大风

一只蚂蚁

清晨，一只蚂蚁
在一朵喇叭花里
这里看看
那里走走
就像这个时候
我在我的园里
走来走去

清晨的牵牛花

牵牛花一夜没睡
清晨，是她最期待的时刻
她已在自己的小花杯里
预备了甘甜的露水
她等待着住在山上的情人
在曙光初现时
他就会来这里和她相会
那漂亮的情人
唱最动听的歌儿给她听
她收集琼浆玉液
预备给他润唇

今天早上，我想做一只蚂蚁

蜀葵花快开败了，种子结了一茬又一茬，但仍有一些在顽强地开着花。

今天早上，我就看到一朵开得特别美的蜀葵花，就在谷子地头。我向着它的方向看去时，看到谷穗已经沉甸甸地弯着腰了。

我被这朵美丽的玫红色的蜀葵花吸引了过去。我仔细地看它的小喇叭一样的形状，薄如蝉翼的花瓣，花瓣上一条条很有规律排列的花纹，我觉得它是那么美。在和它对视的时间里，我仿佛觉得我的脸庞也像它一样鲜妍了起来。

我还一眼看到，这朵蜀葵花的花心里，一只大蚂蚁在那里活动。大概它是想来采点花粉吃的，来了才发现花粉已经没有了。它似乎也没有立刻离开的意思，有一刻它躲在里面，一动不动，像是在睡觉。

这朵蜀葵花对它来说，简直就是一座花朵房子，它在那里，阳光晒不着，如果下雨，雨也淋不着，如果蚂蚁会看书，给它一本书，它就可以躺在那里，跷起腿看书……

我越看越觉得羡慕它。我想，如果我是这只蚂蚁就好了！

漂泊的时刻

“世界上的那一对小小的漂泊者呀，请留下你们的足印在我的文字里。”

清晨读泰戈尔的《飞鸟集》，读到这一句，没来由地眼含泪水。人生如此多艰，不是身在漂泊，就是心在漂泊。

但转念一想，又觉得不是这样。就比如在这个园子里，所有的生命都不漂泊。

每朵花都有它的位置；

每棵树都可以站成永恒；

在夜晚降临时，每只鸟都有固定的归宿；

就连蚂蚁也不例外，每只蚂蚁都有自己的巢穴，每天有清晰的目标。

而我在这里，脚下的土地干净、肥沃，每天都在源源不断地滋养我的生命，给我力量。

如果我是一朵花，我终将绚烂；

如果我是一棵树，我终将成材。

我终将成为我想成为的那个人，对此我笃信不疑。

“在我的一生里，也有贫乏和沉默的地域。它们是我忙碌的日子得到日光与空气的几片空旷之地。”

那些漂泊的时刻，也是生命中不可缺少的元素，我们的生命因此更加丰盈。

2017年9月21日，我在朋友圈发了一张涂鸦，写道：

这是一种怎样的人生？有些人的人生的确与众不同。

“天气晴好的时候，云龙洞主偶尔会坐在洞口的大石头上读经，河水从洞口前流过，溅起的浪花将洞边的青草洗得发亮，绿水环绕，云龙洞主坐在水声与清风中。他的洞中一无所有，松鼠尚且藏一些松子、核桃在自己的洞中，云龙洞主什么也没有，几十年来，他每天听石头间水声涓涓，夜晚则在黑暗中读经，每读一个字磕一个头。”这段话深深打动了我，这样的生活，仿佛是我灵魂深处的呐喊，但那时候哪敢去想，觉得离自己太遥远了。后来我多次努力回想，到底是在哪本书中看到的这段话，再也想不起来，只记得是一本写终南山的书，“终南山”三个字，那时起，就常在脑海中徘徊。

可能受这本书的影响，几天后，我写下这样一篇文字。

这几天心境特别清净，无悲无喜，亦满亦空。开车行走在无人的道路上，想，假如可以放下这一切，从此隐居山林，再不食人间烟火，不闻世事人情多好！那时候，我将千般念头放下，万般由心，得大自在。

我已经住在了乡下，但我觉得走得还不够深、不够远，究其原因，还是有孩子高堂牵绊，某一日，孩子不再需要我，高堂入黄泉，也许就是我遁世之时了。世间苦，苦的是心，放不下，忘不了，回不去，于是情切切，于是心郁郁，于是向往那更高处，向往虚无，当身体远离万丈红尘，心里的执念也许就会放下。

想那些山高云深处，有多少闲云野鹤影，天为幕，地为席，饮泉水，食清风，一袭青布袍，两腋驭清风，来去无牵挂，神思多清明。生活无所求，一土炕，一领衣，门前一片小菜地，粗碗一只盛稻米，身外无一物，心内有天地。

早上在园中小路上读书，一旁的谷子地里，万虫齐鸣，不远处小山静默，晨雾迷蒙，鸟鸣悠悠，一时又觉得即便现在如此，也已满足。然后回院洒扫，煮茶，写字，画画。该干什么干什么。

10 月，又写了这样一段话：

来生最想做的，
要么是一棵树，
长在山野的一棵树。
要么是一只鸟，
栖息于山野的一只鸟。
自由地生，自然地老。

这是八年前的文字，我早已忘记写过这些，如今再次看到，只觉心内震惊，很多事，原来早已注定。读过那么多文字，为何单单被这些话、这样的生活触动？难道不是因为灵魂在这里得到了共鸣吗？而那些和灵魂产生深深共鸣的文字所呈现出来的样貌，正是那隐藏在封印之下的“本我”，只是那时候我不知道，我甚至惊讶自己怎么也会有那样的念头。

以梦为马，活在当下

从 2014 年底辞工归田，到 2019 年底做直播之前，整整五年的时间，我做了好几件事情。这些都不在开始的计划之中，对当初来说，都是出乎意料的。

最初的那一年多，在小木屋里，我专心读书、写作、种地，两耳不闻窗外事，一心只做读书人；一年多之后，为生活所迫，想建一个家庭农场，到了郑州荥阳的高山镇竹川村，租了 50 亩地（后来实际使用 20 多亩）。

在建农场的过程中，因为关注的人越来越多，村民看到有人气，希望我帮他们销售农副产品，由此开始做电商；也是在这个过程中，不断有人问，这里能住宿吗？能吃饭吗？于是做了窑洞客栈，以及“我的中学时代”主题餐厅。

大家喜欢我的衣服，又做了“田园刘娟”棉麻布衣。

2018 年，当时的修武县七贤镇的领导听说了我，加了微信，不久带人来园里考察，之后便邀请我到七贤镇发展。那里有几个老村庄，计划联手打造“美丽乡村”，我做运营，一直到 2019 年底，差不多一年的时间，我都在七贤镇的孙窑村做这件事情。

这些事情里，家庭农场失败了，因为距离城市较远，路也不好走，最初的一年多时间，到园里的最后两公里路，还是羊肠小道，车勉强能过，遇到雨天，土粘，泥巴多，不仅车过不去，人走路都难。然后由于地理位置较高，水上不去，买了一个二手的无塔供水设备，对于二十多亩的园子浇地来说，杯水车薪，租地的人只能轮着来浇水。路、水都不方便，再加上真干活也确实累，所以那些地主渐渐热情减退，不到两个月，就只剩下寥寥几户还在坚持，其余的，留下一块块的荒地离开了。

这件事情没有带来任何收益，因为当初对外租地是免费的。但我收获了一个园子，由于这些人的加入和付出的劳动，园子看起来像是一个园子了。

做农副产品电商带来了一些收入也有限，除了基本的生活开支，剩下的都拿去建园子了。那时候最常去的地方是花卉市场，买来一车一车的花，然后种呀种，每年春天都撒下一大批种子，种下成百上千棵花苗，三年之后，园子成了一个大花园。有一天我突然想在院子里种几棵月季花，那一刻，眼前仿佛出现大朵的红色或黄色的月季花开在院子里，鸡卧在花树下的阴凉地休息——多么美的一幅田园小景！本来中午一定要午休的，想到这些突然不困了，立刻驱车一个多小时到花卉市场，到地方得知，如果要得多，可以去基地买，便宜。又跟着老板开车一个多小时到了他们基地，买了一百多棵带大土球、高一米多的藤本月季，到家天都快黑了，又找人帮忙种上，折腾到很晚才结束。那半天累得啊，躺在床上立刻昏睡过去，但心里别提多开心了。从此，院子的篱笆墙上，每到春天，它们就变成一片月季花墙，花朵又多，颜色又漂亮。

窑洞客栈也有一些收入，没认真算过投产比，后来经常有人问这个赚钱吗？说实话不清楚。因为我没有认真算过到底投进去多少钱，后来有多少收入也没算过，它是个生意，但也没太把它当成生意来做，投进去的，我都当成没有了，后来但凡有一点收入，都很满足。

做衣服，算是不赔也不赚吧，因为总是压库存。不过这让我一直穿得漂漂亮亮的，也很满足。

在七贤镇孙窑村的那一年，开始在“我的田园”和村里两地跑，后来的几个月搬到孙窑村全身心投入。政府扶贫投资建了八个小院子，但只是把房子建好，装修之类，需要我自己筹集资金来完成。我想把村庄建成“我们的田园”，每个小院子，门前种菜种花，屋后养鸡养鸭，鸡犬相闻，邻里互答，可短租，可长住，让每一个疲惫的灵魂，在这里得到暂时的休息。没有钱，就利用自己的一点影响力，把村里剩余的几处院子和宅基地进行整合，如此筹了二十多万建设资金，把几套院子的硬件设施置办了起来，软装则主要自己动手，从附近拆迁的村庄里“淘”来一车一车的老家具自己改造，很投入地干了几个月。那时我已开始拍短视频一年多，有五十多万粉丝，对于这个村庄建设的理念和蓝图，反响很好。但真正试营业后才发现理想和现实的差距，一些人冲着我笔下的理想生活来了，但乡下的蚊虫、室外的洗手间，以及简单清淡的饮食，使这些人来去匆匆，加上那时二期工程开始，村里整天机器轰鸣、尘土满天，居住体验感并不太好。

这一年的时间，在孙窑村，只有全身心的投入，却没有一分钱收入，“我的田园”也几近荒废。终于，在孩子升初中需要用到一笔钱时，捉襟见肘，难以为继，不得不去想办法挣钱。

然后，我就去直播卖货了，而且没想到货卖得很好，一直到现在，五年的时间，每年都有新的增长。后来因为我把主要精力放在自己的事情上，村里为发展计，另外找了一个团队接手了孙窑村的工作，我就离开了那里。

这些事情，单从生意的角度看，几乎都是失败的，认真算下来，收入和投资不成比例，赚的没有投的多。但我从没有失败的概念，因为一直在快乐地生活，园子里的花越来越多，小动物们越来越多，种的瓜果蔬菜吃不完，我的田园生活，越来越丰富多彩，一切都比当初想象的好太多了。另外，因为从没想过在这些事上赚多少钱，最初的目的就是有点收入，维持这种生活，这点确实做到了，所以一直都觉得自己赚到了，很满足。

在拍短视频方面，更是意外收获。2018 年 4 月拍第一条短视频，当初只是把平台当成一个展示和记录生活的地方，和朋友圈一样，没有任何技巧可言，一条视频，一个画面，一镜到底，连配个音乐都不会，常常十天半个月才发一条。没想到关注的人越来越多，很快有六七万粉丝，后来就拍得长了一点，加上了背景音乐，主要是我太满足这样的生活了，虽然只有简单的画面，但隔着屏幕，那些和我一样热爱田园生活的人也会被深深吸引。一年后的一天突然想，我每天都在写东西，写的就是我的田园生活，拍的镜头也是，完全可以把文字和镜头结合起来，做成视频散文，于是就有了后来一直到现在的视频风格。这样的生活方式，对生活满满的热情和爱，以及这样的视频风格让我迅速出圈，在之后的两三年，抖音平均每条视频点击量百万，有的上千万，粉丝数量增长到一百多万，全网粉丝三百多万。

以上这一切，均远远超出了当初的想象，怎么也没想到，当初的一个念头，竟有后来这么多机遇，让我有了这么多成长和历练的机会。是梦想让我开始，也是梦想指引我不断前进，为了更好地实现梦想，一路走，需要挣钱就去挣钱，能做什么我就做点什么，不违心，不抗拒，不抱怨，一直乐观，积极向上。那时不懂什么叫活在当下，但我似乎用实际行动诠释了这四个字的意义。

关于直播带货的那些事儿

那段人生的至暗时期孕育了新的曙光

我从 2019 年底开始到现在，一直在做直播电商，五年时间，有了一个四十多人的小团队，有了自己的产品品牌，流转了一百多亩土地种植玫瑰花，生产纯天然的玫瑰精华水，并合作种植了一千多亩，集生产、加工、销售于一体。这一切，可以说是从零开始，没有资金，没有经验，也无人支持。走到今天，经常有朋友让我谈谈创业经历，但我总是不知道从何谈起，因为就像走路，一步接着一步，自然而然，事前没有周密的计划，也不是循着一个成熟的方法或者路径走过来，所以，没有现成的方法和理论可以分享。我觉得唯一能做的，就是把这个历程真实地呈现出来，有兴趣的朋友读过之后，也许会有自己的总结和想法。

前面说过，在 2019 年底之前，我做过家庭农场、农产品电商、田园布衣以及乡村民宿等，这些项目从生意角度来看，几乎都是失败的，投入和产出不成比例，至多维持温饱，让我的田园生活得以继续下去。这种情况在生活没有大的变动之前，是非常不错的，因为我所需不多，仅仅是能维持这种生活，已很满足。

但2019年那一年，由于女儿小升初，需要用到一笔钱，我的生活突然陷入前所未有的困顿之境。那一年我大部分时间都在孙窑村打造乡村民宿，不仅没有一分钱收入，荥阳竹川村的“我的田园”也几近荒废。有一次有个朋友到了园里，看到满园荒草，忍不住对我说，觉得这园子有一股破败的气息。我何尝不知，但要把一个二十多亩的园子打理好，不仅需要精力，更需要钱，而我那时，精力和钱都没有。暑假之后，孩子将读初中，由于我们住在乡下，接送不便，孩子得住校，普通的公立中学无法满足这一点，只能读私立中学。但私立中学的学费一年要三万多元，这一下子难住了我。后来，还是一个朋友主动借了我几万元，才渡过这次难关。

开学把孩子送到学校后，我只剩下几百元钱了，而孙窑村的项目要想赚到钱，一时也渺茫。当时主要的收入，还是靠农副产品电商，但因为主要精力不在这方面，收入也有限。

孩子开学后不久，因为数学太吃力，跟不上，不得不补课。我在郑州帮她找了一个私教，每周六放学后去上一个小时的课。

从“我的田园”到学校，一个多小时，从学校到郑州市区的补课处，也要一个小时左右，每周六，我们就这样奔波在路上。我先到学校接她，然后去郑州上课，周六下午放学后已经是五点多了，到郑州上完课，已是八点多，天已黑透。再从郑州到“我的田园”，还要一个小时的路程。

天黑，那么大的园子，只有我们俩，太晚了我也害怕，所以上完课顾不上吃饭，就得匆匆赶回园里，到家常常是晚上十点左右了，孩子还饿着肚子，我经常只能赶紧煮包方便面给她。那时想，如果能在郑州有个房子就好了，不管多小，这样孩子就不用跟着我颠沛流离，不用这么受罪。有一次在上完课回园里的路上，我一边开车，一边眼里含着泪，心里暗暗发誓，我一定要好好挣钱，想办法挣钱，要给孩子买一套房子。

当时想的是先把那些做客栈的窑洞小院长租出去，我们有八套这样的小院，实际利用率并不高，投入几十万，回收没算过，估计也就几万块钱，但不断有人来问是否可长租。按照当时周边类似项目的价格，这八套小院租出去，一套租期 20 年，最低八万元，共六十四万，我的所得足够在郑州买一套小公寓。

同时，我也开始打开自己，如果有人要来聊聊合作，不再像以前一样那么排斥。在此之前，我只愿关起门来过日子，不想和谁有太多商业上的合作，怕一旦如此，便不自由了。

人常说否极泰来，一个人在转折之前，常常会经历一段至暗时期，我的经历正好印证了这一点。正是这样的困顿之境，才促使我不得不做出转变，打破原有的思维方式和生活规律，去寻找一些机会，正是这样的思想转变，让我接触到直播电商，而那时正是直播电商的初始阶段，最大的红利期。

那时我的抖音粉丝有五十多万，不断有人来谈合作，有一天来了一个叫李锋的年轻人，忘记是怎么认识的了，他想合作做直播。当时他运营了一个有一百多万粉丝的账号，卖服装，那年的“双十一”，日销量已破一万单。

我对直播一点也不了解，可以说是第一次听说，在此之前，我们的农产品电商，仅限于朋友圈。通过李锋，我才知道原来可以在抖音上卖货，但具体怎么卖，不清楚。

那时他也忙，只能趁下午下班后，过来聊一会儿，我也是抱着寻找机会的心态，聊聊看。他的想法是，他们做运营，我像以前那样更新内容即可，内容之外的所有工作，都是他们做，我只管过好我的日子。

这一听挺理想，似乎我什么都不用做，像以前那样生活，就可以赚到钱。初步合作意向达成。过不多久，他把主播带来了，一位四十多岁的男士，据说是我老乡，他向我描述了一番直播带货的场景：主播拿着产品，对着直播间里的粉丝朋友介绍，这个，它的优点是什么、多少钱等等，产品的特点、优势通过介绍一目了然，比传统电商要直接得多。

这个描述让我一下子明白过来，原来直播是这么回事啊！那一刻，脑袋里电光石火一般，醍醐灌顶，这么说我也会，而且我觉得，让一个完全陌生的男人坐在镜头前，向我的粉丝朋友们推销产品，有点不太合适。

那天他们走后，我认真思考了这个问题，觉得根本不用合作，做农产品电商已经两年多的时间了，我们有产品，有发货经验，还有一个三人的小团队，我、彦彦、小张。小张是本村人，懂电脑，会上传产品，他们所谓的运营，不就是做这些工作，然后找个主播吗？我们完全可以自己找个主播，找个熟悉的，和我气质志趣差不多的，这样应该更好。由于当时具体的合作细节都还没谈，我有了这样的想法后，这件事也就不了了之了。

那天下午我很兴奋，李锋他们离开园子时，夜幕已经降临，我一个人在园子里久久地徘徊，思绪翻滚。在此之前，我们卖东西主要在朋友圈，朋友圈再大，也就五千人，可是在抖音卖货可不一样，我有五十多万粉丝，如果每天都开播，每天都有机会卖出去东西，这可真是个好机会！我兴奋地给彦彦打电话，说你别愁了，我知道怎么赚钱啦，以后咱们每天都会有收入。

因为李锋他们每次来，都是在下午晚点时候，彦彦这时已经离开了园子，所以这件事从头至尾，她还不知道。那时候我们的收入已经捉襟见肘，每个月还要给小张和管理园子的四叔发工资，加上过了年要交地租，两万多元，彦彦管钱，她比我更清楚我们的困境。

她问怎么赚钱？我说，直播卖货，就是在抖音上卖货。我告诉她具体情况第二天见面再细谈。

如今五年时间过去了，我仍然时常想起那个傍晚，想起李锋他们向我描述直播带货的场景，我脑袋里突然电光石火一般，明白了一件事情原来是这么回事，我想起我一个人在夜幕四合的园子里走着，思绪翻滚，给彦彦打电话，说你别愁了，我知道怎么赚钱了。就是从那一刻起，我们逐步走上了人生的高光时期，而且一切比预想的好太多。

李锋是我的贵人，这点毫无疑问。合作没有达成，大家也就各忙各的，加上本身也不太熟悉，渐渐失去联系，后来当我越来越清晰地认识到他于我的意义时，竟连他的微信名字也忘记了！有时候真想坐下来，叙叙旧，向他道一声“感谢”！

我们人生的贵人，有时候就是这样，可能是一个人、一句话、一本书，甚至一个瞬间，它在你众多机缘成熟的条件下，仿佛一根火柴，一下子点亮心灯，成为人生的转折点。所以，感谢那些带给我们启示的所有人、事、物吧！

循着内心的声音走，无意间走上直播带货这条路

随着直播带货越来越繁荣、越来越常态化，很多人看到了这个行业的巨大商机，也想进来分一杯羹，却苦于不知如何开始。看别人在直播间里谈笑风生，似乎很简单就把货卖了，也想自己能否试试呢？

于是到处取经，学习各种直播技巧，甚至不惜花费高额报名费，上专业的学习班，这期间也不断有人来问我关于直播的一些问题，希望能取得“真经”。万事开头难，涉足一个行业之前，因为有很多知识的盲点，让我们觉得无所适从，这很正常。我们在做直播之前，也完全没有经验，甚至是第一次听说“直播”这个词，不过我认为，在开始之前，我们拥有的以下条件起到了决定性的作用。

一是粉丝基础。

当时我的抖音粉丝有五十多万，这意味着只要打开直播，不缺流量，这是做好直播的前提条件。而如何做流量，我一直都认为没有技巧可言，尤其是做个人 IP。

如果说“田园刘娟”也是 IP，我只能说这是自然形成的，就是我在内心声音的驱使下，做了想做又能做的事情，并把它通过自媒体呈现出来，让大众通过这个途径知道了我，仅此而已。从始至终，我没有做 IP 的概念，一切毫无技巧可言，我是什么样的，呈现出来的就是什么样的，所有语言和文字，都是我内在状态和现实生活的真实呈现，可能是因为热爱，这些语言和文字能量满满，轻

易能感染到人。我认为，在直播之前，我的抖音账号的这几十万粉丝，这些粉丝朋友通过短视频对我的了解所建立起来的信任，是我们做这件事的基础，也是后来之所以能取得一点成绩的关键。

有一种说法叫“打造人设”，就是说看到一个成功案例，我们觉得有迹可遁，那就照着这个路子来打造一个类似的人好了，也走相同的路径。在我看来，除非你真的和这个人相似，即本身也是这样的人，否则一切还是白费功夫。短视频本身的逻辑是分享和传递美好，然后取得共情共鸣，让看到的人给你点赞、评论、转发、收藏，并因此喜欢上你。所以这个前提是，你得真正能感知到那些美好的东西，一切都可以抄袭，唯有“感知”是最个人化的事情，谁也无法真正从他人身上拿走。而“感知”本身，即内在能量状态的具体呈现，你能感知到什么，取决于你究竟是什么样的人。

但其实，做短视频的过程中，开始以及后来很长时间，我并不清楚自己究竟是什么样的人，所以每当有人问我如何打造个人 IP 时，我总是这样建议：在条件允许的情况下，遵循内心的声音，去做你最想做的那件事情，然后如实地通过短视频呈现出来即可。因为我就是这个情况。

二是产品和服务。

当时我们已有两年多的做农副产品的线上经验，有货源，有渠道，知道哪些产品适合线上销售，哪些不适合，问题在哪里。比如当时大受欢迎的一款小南瓜，就是因为在朋友圈售卖时，知道它的售后问题比较多，大小、口感、软硬都无法把控，一旦在直播间销售，面对更多的消费群体，很可能因此把好不容易建立起来的信任丢掉。另外，在发货和售后方面，我们当时也都有成熟的路径和经验。

三是团队。

当时我、彦彦、小张，加上管理园子的四叔，我们算是有一个小团队，而且分工明确。我做内容，因为内容就是我的生活，我又如此热爱这种生活，保证了内容的独特、真实和可持续性；彦彦和小张都可以帮我拍摄，在拍摄方面，自媒体注重的是真实、有趣和有料，对拍摄技巧要求并不高，一部手机就可以搞定，如果身边没人可以帮忙，借助三脚架也可以完成，我在疫情防控期间拍的视频，有的是我女儿帮忙，有的就是借助三脚架。

四是渴望赚钱的心理和强烈的愿望。

现在想来，当时但凡日子好过一点，我可能也不会进入直播领域，至少不会开始得那么早。我自诩文人，要坐在镜头前售卖产品，前期还是需要克服一些心理压力的，恰恰是生活陷入困顿之境，不得不尝试做出改变。这种需要赚钱的现实压力以及强烈的愿望，促使我不断地突破自己，实现事业上的转折。

五是天时。

古人云，若成一事，天时、地利、人和缺一不可。有了前面的那些条件，恰逢自媒体的高速发展期，于是我们就成了“风口上的猪”，仿佛被插上了翅膀，成了时代的宠儿。我们之所以能取得后来的一点成绩，主要归功于这样的机遇。不过机遇对每个人都是公平的，也正是因为有了前面的积累，又恰逢这样的机遇，众缘和合，才有了后面的发展。

除了以上有利因素，当然也有一些具体的困难，比如我们都是刚刚接触直播，连产品上到哪里都不知道，不过这些都好解决。问题越明确、越具体，越不是问题，互联网时代，最不缺少的就是各种问题的解决途径，通过百度搜索、打平台客服电话、阅读相关的书、咨询有经验的朋友等，摸索着，我们一点点把直播之前，需要做的准备工作一一完成了。

第一场直播

确定了要做直播带货，流量有，产品有，团队也有，剩下的就是谁来做主播、怎么卖的问题了。

关于谁来做主播，其实是和其他准备工作一起进行的，当时我并没有打算自己上场，除了那两年做电商，以前我从没有做过销售，现在要天天坐在镜头前卖货，心里很有压力，所以那时想的，是找一个主播。

找谁呢？朋友圈里翻来翻去，最后决定找阿辉谈谈。阿辉是一名独立摄影师，形象好，气质佳，有思想，有趣，最重要的是时间自由，园里离市区有一段距离，作为主播，必须能保证开播时间。和阿辉一聊，他也很感兴趣，说可以试试。

卖什么呢？先卖蜂蜜吧。“我的田园”地处丘陵地带，植被丰富，有很好的蜜源，周围有好几户老乡养蜂。最初我开始做电商，就是从帮老乡卖蜂蜜开始的，那时一位养蜂大婶看到园里经常有朋友来，送来几瓶蜂蜜，希望放在园里帮她代卖。她说她上有八十多岁的老母需要照顾，家里大叔还要上班，蜂蜜只能等着老顾客上门，销路很窄，前一年的蜜还剩下不少。听她这么说，抱着负责任的态度，加上很感兴趣，我曾专门跑过去看他们如何打蜜。因为忙，那次他们打蜜时间间隔有点长了，蜜坯已完全封盖，蜂蜜变得非常浓稠，亲眼看着那如连绵不断的丝线一般摇出来的蜂蜜，闪着光，一圈一圈挂在桶壁上，又慢慢流下来，觉得这么好却没有销路，太可惜了！而城里的人要买到这么好的蜂蜜，也不容易。遂决定搭个桥，不要任何报酬，在自己的圈子里销售。当时我的朋友圈有五千人，公众号有一万多粉丝，信息发出去，没想到订单不断，大家收到货，又纷纷来感谢我，说没想到用这么便宜的价钱买到这么好的蜂蜜。很快大婶家的就卖完了，其他几户老乡也纷纷找来，我就那样，不赚一分钱差价，帮老乡们卖了一段时间的蜂蜜，起初他们不会发快递，我还要每天统计订单，帮他们填写收货地址发货。渐渐地，我感觉这样下去不是长久之计，因为太占用时间，不做吧，难以对老乡们开口，做的这点事情，他们感恩戴德，经常给我送吃的喝的，做吧，又觉得实在太被打扰。后来想，能否给老乡们说说，每斤便宜几块钱？这样我有一点利润可赚，就可以专门腾出点时间，当个事情来做。我在心里这样盘算了好几天，才终于不好意思地开了口，没想到老乡一口答应，连说可以。就这样，我开始正式做起了电商。后来像红薯、小米、核桃、河阴软籽石榴，以及玫瑰纯露等，都陆续在我的朋友圈里开始售卖。

两年多下来，蜂蜜积攒了良好的口碑，收到的基本都是肯定和感谢，很少有售后，所以直播计划卖的第一款产品，定为蜂蜜。现成的货源，而且不用成本，货卖出去，收到货款，才结账。完全是零经验，零成本，从零开始。

开播之前，我们也做足了准备，阿辉学习蜂蜜知识，怕他讲不清楚，还把一位养蜂的大叔请来了，现场回复网友问题。2019 年 11 月初的一个晚上，我们正式开播了！

第一场直播，紧张，期待，兴奋，没想到直播间的情况与想象中大相径庭。问蜂蜜的很少，大家的关注点多是：这位帅哥是谁？各种猜测。阿辉本来很伶俐的人，对着镜头，紧张得一身汗，要不断解释他是谁，刚刚学习的产品知识，背得磕磕巴巴。最重要的是，我们居然不知道挂小黄车，有人问在哪儿购买，一通指路：先退出直播间，然后到账号首页，进商品橱窗……还有人不停地问，娟姐呢，娟姐呢，为啥不出来？就这样，在一片混乱中，第一场直播结束了！两个小时，只卖出去六瓶蜂蜜。养蜂大叔带着很大的希望过来，看这情况，摇摇头，一脸不屑地说："你们这销售，不行！"

下播后，大家都很沮丧，出师不利。但我是一个不轻易服输的人，像以前许多次遇到类似的情况一样，有问题解决问题，不撞南墙不死心，撞了南墙，也得绕几圈看看有没有其他的门路。所以虽然沮丧，一点也没动摇我的决心。

当天晚上，直播间里的一句话，也使我大受鼓舞，一位粉丝朋友说，如果娟姐在，应该一会儿就卖完了。所以第二天晚上，挂好小黄车，我硬着头皮就上了，还在身后堆放了六十多瓶蜂蜜，以使来人一看就知道，我是卖蜂蜜的。至于直播技巧，完全没有，直播间里始终一百多人，大家问啥我答啥，就像聊天一样，在此之前，大家通过视频和文字对我已有所了解，不过还是有一些疑问，所以话题始终不断，一点也不会冷场。至于问到蜂蜜，因为我已有两年多的销售经验，对它已经很熟悉，介绍起来得心应手，慢慢地一点也不紧张了，感觉很好，六十多瓶蜂蜜很快销售一空。

这场直播让我信心大增，实践出真知，我知道主播这个工作可能靠谁都是不行的，只能我来做，因为大家感兴趣的是我，信任的也是我。后来阿辉又试播了几次，情况一如既往，加上不久他要去外地拍摄，就放弃了。

这之后我们开始全心全意地投入去做这件事。周围有老乡打蜜，就去现场播，不仅把本村老乡的蜂蜜卖完了，附近村庄的听说后，也找来，一周之后，一场直播两个小时，销售额就稳定在一万元左右。这对我是多么大的激励啊！

本已是困顿不堪之况，突然看到了希望，而且这希望并非停留在幻想里，而是实实在在，每天都有收入。我心里打着小算盘，照这样下去，不是要发财了吗？压抑不住兴奋，第一时间给我妈分享了这个消息，我妈不相信地说，真的啊？这样你们娘俩的生活至少不用发愁了！

那几年，我是我妈的心病，她心疼我一个人带着孩子，孤单无依，无论我表现得多么热爱这种生活，多么快乐，她都固执地认为我在受罪。我能赚到钱，她做梦都会笑醒，听我弟说，那段时间，我爸妈天天在家说这事，天天像中彩票一样兴奋。

那天给我妈打完电话，我在园里走了好大一会儿，才慢慢地平复下激动的心情。什么也没有比生活中突然看到希望更令人激动的事情了，那天晚上，平时到点就困，睡不够的我，破天荒地失眠了，夜是那么长，多想找个人分享一下这份喜悦啊！如今五年的时间过去，这期间我们取得了很多骄人的成绩，但忘不掉的、印象最深刻的，还是最初的那几天，我们于极困难的境地里，突然一下子看到希望，前面是一条光明大道，那种快马加鞭一日千里的感觉对心灵的冲击，实属难忘。

那时距离 2014 年底，我辞工归田已经过去了整整五年时间，我才明白，原来这五年的时间，都仿佛如竹子一样，在深深地扎根，蓄势待发，就为了这一刻的破土而出，拔地而起。原来有很多时刻我都想不明白，为什么那么努力，却总是事与愿违，那时突然明白，一切的安排，都自有它的道理。

后来每当有人想做直播，来咨询我是否可行时，我总是建议，想做就去做吧，真正去做才知道能不能做，问题在哪里。它前期也不花什么成本，至多需要你付出一点时间，说再多经验，也仅是根据自己的情况得出的结论，都带有很大的主观性，最好的办法就是自己去体验，只要开始了，就知道该从哪些方面努力，那就是遇到问题解决问题，事情就变得明朗了。

而从这段经历来看，我更加体会到那两句话的意义：

一、极致的利他就是利己。正是由于当初完全无私地帮助老乡卖蜂蜜，我才自然而然地开始做电商，正是有那两年做电商的经验，所以才能在机会来临时，迅速抓住，进入状态。

二、你只管默默努力，上天自有安排。是的，不要着急，如果此刻正身陷沼泽，不要灰心，不要失望，每件事的发生都有它的道理，只管默默努力吧，永远积极向上，心存善念，像一个赤诚的孩子，最终你一定会被这个世界温柔相待。正是由于五年来的初心不改，对生活无限赤诚，才使我最终在做主播时，能迅速适应，无论聊天还是讲解产品，都能做到自然、真诚、清晰、娓娓道来，有自己的风格，收获了一大批铁粉。

直播事业的转折点

我们是2019年11月份开始做直播，两个多月后，就是春节了，我带着孩子，带着所有的狗狗们，回城里的娘家过年，走的时候，发着低烧，有点咳嗽，到家后咳嗽越来越严重，从早到晚，持续低烧不退。那个春节，我是在一种昏昏沉沉的状态下度过的，前两个多月高强度的工作，借着生病，精神和身体一下子都松弛下来，加上内心对于病情的担忧，整天躺在床上，整个人一下子完全失去了精气神。

但春节后回到园里，一切又都变得好起来。“我的田园”后面连着一座小山，立春过后，地气开始萌动，不久麦苗返青，油菜抽苔，拨开枯黄的杂草，会发现已有新鲜的草芽不知何时悄悄钻出了地面。而每到春天，都是我诗意大发，精神状态特别好的时间，就像山上的草木，春天，也是我复苏的季节。这时由于快递问题，直播带货不成，我有大把的时间用于观察大自然，为大自然写日记，注意力又重新回到泥土地上，回到我热爱的田园生活里。那个春天，我吃遍了园子和后山上的野菜，先是园子里遍生的野油菜，然后是苦碟菜，此外，荠菜、面条棵、茵陈、构棒槌等，漫山遍野，到处都是。

我把这些日常生活像以往那样诉诸笔端，形成文字，拍成短视频，没想到迅速出圈了，每条视频的点击量少则一百多万，多则上千万，粉丝数随之增长到一百多万。然后我又注册了快手账号，第一条视频就获得了几十万的点击，关注人数也是突飞猛进。

那段时间，我经常开直播带着大家看萌发的春草，看返青的麦苗，看抽苔的油菜，看绽开的第一朵油菜花，我走在已经解冻的松软的泥土地上，让直播间里的朋友们和我一起，感受新鲜的泥土的气息。虽已是春天，但乍暖还寒，冷空气不时回流，有时一场直播下来，我冻得手都僵了，但心是暖的，多么荣幸，多么好啊，能有这样的机会为大家播报春天的进程，让那么多人通过我的分享，终究没有错过季节的转换。

也正是这段时间的陪伴，直播间里的铁粉越来越多，快递恢复正常后，我们的直播从原来的每天一两百单，迅速增长到了一两千单，实现了突破式的进展。我们的四人小团队也终于不堪重负，需要增添人手，于是又引进了部分人才，包括客服、运营等，团队人数增加到二十多人。

2020 年的那个春天，我曾分享过的内容

那个春天，杏花开的时候，我给大家分享了我的园子里，14 棵会唱歌的杏花树：

我有 14 棵杏树
现在，它们每一棵都开满花朵
但我只知道我有 14 棵杏树
却不知道自己究竟有多少花朵

这是今年的春天里
最早最盛大的一场花事

附近的小蜜蜂几乎都来了
我不知道究竟来了多少客人
但我却清楚地知道
此刻，我有 14 棵杏花树
在唱歌

有人问我，住在那里孤单吗？我在视频里如实描述我的生活：

我的园子有 20 多亩，我的院子在我的园子里，那也是挺大的。有人问，住在这里孤单吗？会不会害怕？我说怎么会呢，这里住着我和我的女儿，还有我家的鸡、狗狗、猫咪和孔雀，还有很多小鸟、松鼠、蚂蚁、七星瓢虫，还有各种花朵、各种树木。我有这么多小伙伴，我从来都不是一个人。

那年三月，我开始种花，计划把院子门前的空地种成一个大花园：

今天，“我的花园”建设终于算是正式开始了。

我的院子门前有六七亩地，四年前，在我刚搬到乡下居住的时候，我就打算种成一个大花园，但一切都需要钱来支撑，今年，我终于感觉财务有了一点自由。我打算用三年的时间，从这样育苗开始，一点一点来建设。我的花园将是这个世界上最随意的花园。我想让这个地方开出一片黄花，就种黄花；想让那片地方开出一片紫花，就种紫花；我觉得这一片的花高点才好看，那就种高一点的；觉得这个地方应该有路，那就留出一条路。四年时间，我的田园生活趋于安稳，接下来，我有更多的时间，去慢慢思索，种子、泥土和花朵。

一天，我在院子的篱笆墙外种金鸡菊时，介绍了我家的篱笆墙：

我的院子有一圈竹篱笆墙，竹篱笆墙上有很多月季花，这月季花每到春天，就开出很多花来，有红花，有黄花，都是又大又漂亮。院子外面挨着这竹篱笆墙的，是蜀葵，蜀葵在夏天时长得很高，它长到差不多高时也开花，它的花颜色就多了，有红花，有紫花，还有粉白颜色的花，那花就像一个个小喇叭。蜀葵外面，就是这条砖路，现在，我想在砖路的另一侧种花，我觉得种矮一点的花比较好看，最好是开起来一丛一丛那样的，最好是黄颜色的花。园里恰好发了很多金鸡菊的小苗，金鸡菊就是我希望的那样的花，所以，我觉得这简直就是为我提前准备的。

三月，也是各种花陆续开放的时候，我介绍了我家的花事：

三月，我的园子里最繁忙的，就是花事，我忙着种花，我的花草和植物们忙着开花。像这几天，桃花开了，玉兰花开了，梨花也开了，不过这些花其实都没啥特别的，都只是很好看罢了。特别的是那些菜花，油菜花开这样的黄色的花是正常的，为什么白菜、上海青甚至雪里蕻和芥菜，也开出一模一样的黄花呢？这可真让人有点想不明白。不过我今天使劲想了一下，黄色是太阳的色彩，它们一定是因为崇拜太阳吧！至于为什么和油菜花的形状一样，大概油菜花比它们先开的缘故，它们对形状不怎么上心，所以，就随便借用一下了。

有一天我在玉兰树下种格桑花和百日菊：

我的院子门前有几棵玉兰树，这玉兰树在来这里之前，就已经很大了，所以挖的树坑也大。我家的鸡把树坑当作沙坑，每天在这儿洗着沙土浴，如果不管它，再晚一段时间，这里就会长满一人高的野草。我在打造“我的花园”，所以就得管一管了，家里还有很多格桑花和百日菊的种子，今天就撒了一些在这里，不过我也专门给鸡们留了一个树坑，让它们继续当作沙坑使用。到时候，树在上面长着，花在下面开着，鸡在一旁卧着，我想象了一下，觉得这画面很美。

分享了在春天，母鸡和我的烦恼：

我家的母鸡最近很烦恼，它们东躲西藏下的蛋无一例外，都被人拿走了。要说藏得也够严实了，墙角的柴堆里，灶台底下，高高的棚顶上等，这么严实的地方，怎么竟还会被人发现呢？所以母鸡们很烦恼，也不得不继续开辟新的下蛋场所。

我最近有一件事也挺烦恼，就是我家的母鸡到处丢蛋，很多鸡蛋没来得及发现，就被狗狗吃了。要说那些母鸡也够聪明的，选择的地方都很隐蔽，但有一点它们大意了，它们太爱炫耀了！只要一下了蛋，就要嚷得满世界皆知。但即便是这样，我仍然觉得还是有些蛋我没发现，导致我在园里走着的时候，总是疑神疑鬼、东张西望的。

写了一只可爱的小黑狗：

小黑狗是跟着邻居家的狗狗大笨来到园里的。大笨走到哪里，小黑狗跟到哪里，大笨最近在和我家二黄谈恋爱，几乎天天在我家，所以小黑狗也几乎天天在我家，我们都以为小黑狗是大笨他们家的狗狗。但昨晚，大笨的主人来喊大笨回家吃饭，却说小黑狗并不是他们家的。那到底是谁家的呢？据说是有人故意放在村路上就走了，邻居说他家已经有了两只狗狗，不会再养这一只小黑狗了，还说小黑狗每晚跟着大笨回家，他们不让进家，小黑狗可聪明了，会从一个土坡上往家里跳。这么可爱的狗狗，刚刚离开妈妈，竟然连个家都没有，我知道这个消息后心疼极了。那么从此它就是我家的狗狗了！

那个春天，我的心境真好啊，一切在我眼中都是鲜活的、有趣的：

新来的飞燕草、鲁冰花和石竹等，被种在院子门口；小路旁需要一些花点缀，菜园里的金鸡菊就去了；枯树旁种了一棵会攀爬的凌霄；格桑花和百日菊在树坑里，已经发芽；书房门口的竹子，有一些去了大门口；在我的园里，每朵花，每颗种子，都有属于自己的地方，它们安心地待在那里，生根，发芽，茁壮生长，就像我安心地待在我的园子里，读书，写字，春生夏长。

四月中旬，一树一树的杏子：

这段时间，只要园里来了人，只要他们夸赞我的园子，我都忍不住要对他们说，去看我的杏树吧，现在满树满树的杏子，都长得很大了，长得非常之快。这样的杏树，我有 14 棵。我有14棵杏树，春天它们开满杏花，我日日来看花；花谢后，结出满树的杏子，我看着它们一天天长大。我对很多人说，它们成熟后有鸡蛋那么大，又黄又大特别好吃，听说的人都认真看我的杏树，表示羡慕。这是我最快乐的时刻之一。

分享了那年的4月18日，院子里玫瑰花盛开的情景：

去年的4月18日，在我的院子里，有一朵玫瑰花犹豫了一整天，开不开呢？它想。它看看四周，大家好像都没有什么动静，后来它决定也再等等，主要是那天天气不好，大风。所以去年的第一朵玫瑰花盛开，是在20号，我记得很清楚。今年有所不同，今年的4月18日，玫瑰花已经开成一片，我院子里的这条小路，已经迎来它最美的时刻。

香菜开花的时候，我给大家分享园里的香菜花，那是我最喜欢的田园小景之一：

四年前，我在这里撒下一片香菜种子，从此，这里就一直生长着香菜。秋冬发芽和生长，春夏开花，结籽，籽实落在地上，又长出新一批幼苗来。这香菜自生自灭，自己照顾着自己，却也年年生得茁壮，开得绚烂。开花时，蜜蜂也来，蝴蝶也来，香菜花开成一簇簇，开成一片，是我最喜欢的田园小景之一。香菜开花时，我的书桌上，就经常供着一瓶香菜花。

花开得越来越多，整座园子成了一个大花园：

三月，我的园子里有无数的花在开，每一朵都认为自己最漂亮、最特别。红花觉得自己的颜色无与伦比，白花认为自己的香味无可比拟，就连面条菜、香菜、萝卜、大葱等，也开出了花，也在骄傲地展示自己的美丽。不管长在哪里的，不管开什么颜色的，不管花朵大还是小，每一朵都饱满、精神，自信满满。我在园子里走了一大圈，认真看了我能看到的所有的花，最后得出结论，的确，每一朵都是那么美丽，都是那么独一无二、无与伦比。

樱桃成熟了，我也会及时告诉那些和我一样热爱大自然的朋友：

园里的樱桃成熟了，是我最先发现的。我去看樱桃长多大了，意外发现，它们竟然已经成熟了。我马上把这个消息分享给身边的人。我一边站在树下吃着樱桃，一边有点紧张地说着，谁都不要告诉哦，就咱们自己悄悄地知道就行了。但我似乎一刻也没有忍住，无论谁路过我的樱桃树，哪怕只看了一眼，我也会立刻打招呼，我说你们还不知道吧，樱桃已经成熟了！于是路过的人，就都过来品尝我的樱桃，他们发出满意的赞叹声。我听了这声音，竟比吃了樱桃还觉得欢喜。

午后，我喜欢在园子里到处走走，到处都有有意思的事情在发生：

午后阳光强烈，七星瓢虫怕晒，躲在一朵茼蒿花下睡着了；蜘蛛把网织在菜园的一角，在一旁静静守候；风轻轻吹动树叶和花朵，开到荼靡的花朵纷纷谢幕；一只小鸟停在电线上，吐下一串音符，又飞走了；一朵花，对外面的世界很好奇，硬是挤出篱笆探看；杏子就要熟了，这件事情，鸟儿和我一样清楚；小狗叮当对一切充满好奇，喜欢用牙齿去探索世界，因此经常挨揍。午后，我喜欢在园子里到处走走，到处都有有意思的事情在发生。

一只很有个性的小母鸡：

我家有一只小母鸡，因为是鸡妈妈的独生子，从小万千宠爱集于一身，可能是出于这个原因，它很“傲娇”，下蛋时对下蛋的环境也很讲究。主人给准备的鸡窝是坚决不用的，只有那些对生活没有要求的母鸡阿姨才不会嫌弃简陋。它选择在碧绿清凉的薄荷丛里，在香气浓郁的蔷薇花下，有一次我见它从一个小山坡上红着脸叫着下来了，过去一看，绿树掩映下，已有六颗鸡蛋。我觉得它是一只很有个性的小母鸡，大家说是不是这样呢？

蜀葵花开了，园子更加热闹了：

我家的蜀葵花长脚了，最初的时候，我就在地头种了几棵，这几年，它们在园里跑得到处都是。有的跑到杏树旁边，和杏子为伴；有的占据了我的院子门口，把那一大片地方全占满了；还有的大概是嫌园子的空间不够大吧，跑到大门口去了，在那里东张西望的。不过这可乐坏了园里的蜜蜂和虫子，它们在蜀葵花宽大的像广场一样大的花瓣上踱步，在花粉中打滚，跳舞一样从一朵花到另一朵花。蜀葵花一开，我的园子更加热闹了。

直播时，有网友说，说说你的花儿吧，我就说了说我的花儿：

我说现在是满园的蜀葵花盛开的时节。我园子里蜀葵花的颜色多得都快数不过来了，有红花，有紫花，紫花还分深紫和浅紫，有粉白、纯白的，还有粉白红紫多种颜色相间的。花瓣也不同，单瓣的，重瓣的，有好几次，我想弄清楚到底有几种，数着数着就凌乱了。如果有人问它们从哪里来的，我也说不清楚，最初我就在地头种了几棵，一种颜色。不过我猜园里的风应该知道，蝴蝶知道，蜜蜂也知道。

在我的眼中，无论春夏秋冬，我的园子从不荒凉和寂寞：

我的园子从不荒凉和寂寞。春天的时候，这里有满园的花朵，小路两旁的玫瑰一人多高；篱笆上攀缘的蔷薇，开成了一堵堵花墙；金鸡菊的种子随着风在园里奔跑，到处开满它的黄花；桃花、杏花和梨花，在每一根枝头灼灼其华。春天的时候，我的园子璀璨光华，耀人眼目。现在，盛夏已经到来，很多花朵不耐高温，已经离开了，但满园的果实让你再次充满喜悦。杏子熟了，桃子熟了，接下来有玉米、花生、红薯，有豆角、茄子、辣椒，有葡萄、石榴和柿子，秋风起的时候，白雪和炉火，指日可期。我的园子从不荒凉和寂寞。

那时候，我满心欢喜地分享着园里的季节变迁，谁发芽了，谁开花了，谁来了，谁去了，安静着，也热闹着。二十多亩的园子，平时只住着我和孩子两个人，但我的世界却热闹得像个集市。那是一园子的清欢，一园子的我爱，那每一幅画面、每一个字，都是从我的心里溢出来的，我的心，美好得就像那个春天。

我把我心里的春天分享给了更多人，很多因为疫情防控无法出门的人，通过我的镜头，感受到那个春天的美好和鲜活，重新充满希望。

一路的挫折，都变成了成长的阶梯

我的视频内容，分享的多是纯粹自然的田园风光，以及清新美好的田园生活，在疫情防控期间，粉丝数猛增。由于这部分网友刚关注不久，并不了解我的过去，所以有时候进到直播间，看到我居然在卖货，大跌眼镜，有一种上当受骗的感觉，一时众说纷纭。

带货之前，声音最多的是“模仿李子柒”，似乎那时候只要出现乡村题材的视频，就是模仿子柒；带货之后，说得最多的是“什么田园生活啊，不过是一场精心设计的演出，团队包装，打造的人设”等等。

质疑声、讥笑声，甚至辱骂，不绝于耳。记得有一次打开后台私信，看到一个人骂得不堪入目，我当时气得手都是抖的，心里太难过，截图，头脑混乱中发了条朋友圈，想寻求安慰，但立刻删除了。前进的过程中，谁不是这样一路顶风冒雨，谁又可能只是花好月圆，一片晴明呢？正常的。既然是正常的，就不要诉苦，不要寻求安慰了！

可是，也有心理脆弱、情绪崩溃的时候，记忆最深刻的一次是去南阳唐河县带纸巾。带货之前，选品人员已经实地考察过工厂，我也实际用过，觉得无论品质还是价位，都具有竞争力，值得分享。

由于是第一次看到纸巾的整个流水线生产过程，大开眼界，也为了能在开播后多增加一点流量，我在开播之前，发了一条生产过程的内容预告。那是我第一次在账号里发和生活无关、只为卖货的视频，发完之后，就开播了，因为直播用的是自己的手机，所以整个直播过程，我一直没机会看那条视频的反馈。

那场直播销售很好，一手货源，价格有优势，加上现场直播，有场景展示，一天下来，卖了五十多万元。下播后，立即开车回家。

回家的路上，我打开那条预告视频，这一看，受到了极大的刺激。

数百条评论，绝大部分都是质疑、嘲笑，那些声音如一道道无形的鞭子，抽打着我本已疲惫不堪的身心。我一下子崩溃了！

在此之前，这样的声音也不绝于耳，但都不似这次这样集中。以前有些人是只看视频不进直播间的，有些进了直播间，也因为了解，或者理解，并不觉得怎么意外。这次是更多从不进直播间的人，通过视频看到我居然在带货，声音一下子集中起来。

一时委屈、愤怒、激动，使我几乎失去理智。我手抖着，打出了一大段文字，想解释，想诉说，不过写完之后，没忘先给胡大博看看。我的本意是想得到一些理解和安慰，即便全世界的人都不理解，但只要身边的人懂就行，这时候，可能一个温暖的拥抱，一个“懂”字，就会使我的情绪慢慢平复。可是他却说了一堆道理，说我不该计较，格局太小，如果他是粉丝，看到这样也会拉黑我，等等，可能他的本意是想告诉我，不要冲动，不用解释，清者自清，但当鞭子打在身上，那是对疼痛本能的反应啊！他的话再一次深深刺激了我，我不顾一切地和他大吵起来，把手边能拿到的东西全扔在他身上，似乎要把所有的委屈和愤懑全发泄出来。

那是自我们认识以来爆发争吵最激烈的一次。其实主要是我吵，后来他看我那么生气，心疼起来，不再分辩。平复下来后，我大哭了一场，多少辛酸，忽然一齐涌上心头，几年来的不容易，这一年多的奔波、劳累，不被理解的委屈，都化为泪水，汩汩流淌。然后，停播了三天。

在此之前，我像上足了发条的机器，一直在全速奔跑。这是我做事的一贯态度，一段时间决定做某件事，眼里心里就只有这一件事，心无旁骛，一心一意，极度专注和认真。小木屋时期，专注写字，一年时间写了六十多万字；建设“我的田园”时，种菜种花，养鸡养鸭，为了把园子建成理想中的大花园，把这种生活持续下去，不惜把城里的房子卖掉；在孙窑村，一年的时间，只管耕耘，不问收获；如今做直播电商，亦是如此。每天播两场，下播后还要选品，把关，思考发展方向，拍视频，写文案……一个人干一个团队的活儿。这一切，全凭一口气撑着，在你激情满满，全力奔跑，心中充满希望时，还不觉得累，但当这口气被戳破，疲倦就会一下子溢满心头。

出去玩了三天。这三天，我沉静、思考，我知道不能不做，这是上天给的机会，我不能因为遭受一点质疑就此放弃。那么，既然要做，我要把它做得更好！此时那个不服输的我又回来了。三天之后，我给自己定的目标是：有一天，一定要把直播做成行业内的佼佼者。当你站得更高，那些声音就听不到了，你看到的将是更壮美的风景。

凡是打不倒你的，终将使你变得更加强大。

从此，我更加专注地做事情，也在不断地找方法。既然众人不了解我的过去，我就把过去说一说；既然不理解我为什么要带货，我就把实际的情况讲一讲。人与人之间，只要真诚和真实，没有沟通不了的问题，因为那一字一句，都是我内心真实的声音，都是我现实生活真实的写照。

我把自己真实地呈现给人看，反而收获了更多理解和支持。多少人怀揣梦想，却因为现实的阻碍，不得不一直在门外徘徊，也许我的历程让更多人看到了一点希望，只要不断地努力、深耕，理想和现实，也可以很好地结合在一起，二者并不总是矛盾。

后来，经常有刚做自媒体的朋友问我，如何面对不同的声音？我总是说一切都是最好的安排。无论当时如何面对，无论怎样的反应，都是好的，让情绪自由地流淌，那就是当时当下的你，过后你会发现，正是这些委屈和伤心，正是这些强烈的情绪，促使我们思考，让我们成长，越是挫折，越有可能成为成长的阶梯。

从农产品到护肤品

很多人奇怪，我生活在农村，账号内容以分享清新自然的田园风光为主，直播带货的产品，理应以农产品为主，怎么竟主要是护肤品呢？是因为护肤品利润更高吗？

单纯从利润来说，自然是护肤品利润更高，但一个直播间能卖什么，并不主要由利润决定。护肤品的利润虽然比农产品高一些，想卖出去却比农产品难多了，各有各的利弊。

最初我们也是以农产品销售为主的，比如蜂蜜、红薯、小米、核桃等。这里值得一提的是，最初的时候，像蜂蜜和小米等，都是作为初级农产品来上架的，但后来平台为了确保产品质量，使消费者权益更有保障，凡经过加工的农产品，都必须有预包装才可以，这样的规定给商家增添了一定的成本，但对消费者来说却是好事。农产品的销售虽然和我的账号内容以及受众更为匹配，但在销售过程中我们却实实在在地遇到了以下问题：

一是一些从土地上直接获取的初级农产品，存在大小、口感不一的状况，很难统一，这点虽然大众熟知，但在实际交易过程中，售后问题颇多。

比如红薯，有大有小，尽管工人在挑选时，已经尽量挑个头均匀一点的，但顾客收到货后，有的嫌大，有的嫌小，这方面的差评不少。另外，受土地肥沃程度、积水等因素影响，即便是同一品种，不同地块出产的红薯，口感也不会完全一致，而且每个人对口感的要求和感受也不一样，有的说好吃，有的则完全不认同。发货过程中，路上也容易出问题，断裂、长芽、坏掉，都有可能发生，尽管提供了解决这些问题的售后，退款、赔付或者补发等，但第一印象已经建立起来了，可能因此就失去了这个用户。

印象最深刻的一次是卖大枣。那个枣从树上刚摘下来真的很好吃，核小，肉多，脆甜，在当地已形成产业化、规模化，是重要的经济来源，很有名。考虑到要在路上走两三天时间，所以在采摘时，完全熟透的果子都没摘，为了保鲜，采用的是泡沫箱加冰袋，但没想到卖出去之后，麻烦来了！

树上新鲜采摘的果子，对城里人来说很有诱惑力，很好卖，一个多小时就卖出去三万多斤，不得不提前下播，因为怕采摘不出来，也为了更好地把控质量。但后来才知道，大枣这种果实，树上刚摘的和在路上走了两三天的，口感已经变化比较大了，刚摘的真的又脆又甜，但两三天后，就变得有点绵软，甜度和水分都减弱，个别成熟度比较高的就坏掉了，差评一片。

最令人难过的是，大家买这个产品，首先可能并不是因为产品本身，而是冲着人，因为是我售卖的，所以选择了信任。如此一来，这份好不容易建立起来的信任就轻易被破坏掉了，因此说难听话者很多。

第二就是价格，从小在农村长大的人，熟悉农产品的地头价，总认为网上销售的价格高。其实能在网上销售的产品，一般都是各地的农特产，是比较有名的，和普通的品种无论价位和口感都不会一样。另外网上销售有包装费、快递费、人工费、平台扣点以及适当的利润，还有售后的赔付成本等，但很多人并不考虑这些，说贵，整天骂我们这些主播黑心，赚了很多钱。

农产品因为是餐桌必备，家家户户需要，加上有场景，销售容易，但每爆单一次，接下来都是心惊胆战的一段时间，要处理很多售后问题。后来经常有果农找到我，希望我能帮他们销售滞销在地头的果实，那是他们一年的辛苦和希望，每次看到他们皴黑的皮肤、粗糙的手掌，我都为自己的无能为力而难过，因为在农产品上吃的亏太多了。那次卖大枣，赔了三万多元，因为不管什么样的问题，果农不容易，不能让他们赔付；卖花苗那次，一次把花农滞销在地里的十几亩卖完，三万多单，但接下来一两年时间，仍不断有没有种活的花友“讨伐”我，说我坑了粉丝。

我到孙窑村后种的月季花，几乎全部是那次卖的花苗，有些还是收到货后被退回来的，现在每到春天，都是一堵一堵的花墙。有些种得非常好的花友，后悔买少了，每到春天都希望我能再带一次，但不敢了！

所以一个直播间能卖什么产品，真的不是想当然，不仅取决于受众群体，还受产品属性、资源以及个人经验和能力所限，几次农产品的“惊险”带货体验，使我后来再不敢轻易涉足这个品类。而相比较而言，经过深加工的农副产品就好很多，至少在包装和口感方面，能做到相对统一，售后问题就少一些。

至于后来，我们以护肤品为主，也完全出乎我的意料，一切都只是顺应了当时的因缘条件而生。我的直播形式主要是聊天式，并不主要以推介产品为主，所以各种话题都有，大家问什么，我答什么。有人问产品，就讲解产品，有人好奇园里的生活，就聊聊生活，有人遇到感情问题有困惑，就聊聊我对感情的观点和看法，有人对鸡鸭猫狗感兴趣，就把镜头一转，一起到园里去看风景了，等等，在长期的陪伴和互动中，彼此建立起充分的了解和信任。

后来，就不断有人问，你在农村生活，为何皮肤还这么好？用了什么护肤品？我就很自然地聊到正在用的一款产品，我说用了两年了，不贵，省了不少钱，但皮肤护理得很满意。我是干性敏感肌肤，以前用的多是一线品牌，一套产品数千元，每到换季或者出差时，总有一段时间的不适应期，遇冷遇热易发红，不吸收，但这款产品以植物的草本精华为主，很养肤，而且最重要的是便宜，以前买一套的钱，现在能买好多套，可以把量用得大一些，也不心疼。因为是发自内心的认同，也不是自己上架的产品，所以我说这些时自然而然，大家特别感兴趣，纷纷希望能上架。

开始时我并不以为意，我也认为我们还是销售农产品更合适。但那段时间，只要一开播，总有粉丝朋友问起这事，一再表示希望能上架，问得多了，也就动了心。于是颇费了一番周折，用了大概一个多月的时间，这款护肤套盒上架了。那是 2019 年的年底，我们刚做直播差不多两个月的时间，这款产品上架了一千套，很快销售一空，等我回娘家的时候，突然疫情暴发，快递受阻，带货暂停。

年后等到我能开播时，反馈来了。反馈太好了，满屏要求复购，但是因为快递不通，一时根本订不到货。这款产品从那时一直到现在，五年了，一直在销售，中间为了更好地发展，我们买断了产品的品牌和配方，从工厂直接生产订货，减少了中间环节，使成本进一步降低，价格也更便宜，更具有市场竞争力。因为原来的品牌是以人名命名，在网上卖火之后，不断有人以此名注册账号，销售假冒伪劣产品，极大地损害了我们的名誉和利益，报了几次案，打了几次假，觉得太费事，后来干脆把品牌改了，改成了自己的 IP 名——田园刘娟，这下安全了。

之所以能在销售两年多，用户十万计的情况下，敢于改品牌名称，仰仗于几乎全是老用户。大家经常在直播间里，这款产品是她们看着上架，一路走到今天，最初是冲着人买，后来实际用过，对产品有了充分了解，至于它叫什么名字，并不重要了。但即便如此，也损失了相当大一部分用户，因为不仅换了名称，连包装也换过两次，不了解的，根本不知道这是同一款产品。

套盒之后，陆续上架了玫瑰纯露、洗面奶、面膜、精油等一系列护肤产品。这一方面是因为直播间里的需求催生，一方面是因为套盒的成功销售，使我们获得了更多一手资源，有机会为大家提供更多颇具竞争力的优质产品。农产品现在也做，主要上架一些能经得住市场考验的、售后问题相对较少的应季产品，比如本地老乡种的小米，郑州荥阳的河阴软籽石榴、蜂蜜、桑葚果酱，福建霞浦的头水紫菜等，本着帮扶的原则，以给粉丝朋友分享一些优质的农副产品为目的。

直播带货有两种模式，一种是人带货，一种是货带人，很显然，我们属于第一种。人带货，因为冲着人，所以只要符合直播间人群需求的产品，都可以，对品质要求高，对品牌要求低。货带人，要求的元素就更多一些，品牌、品质、具有竞争力的价位、利润空间等，都很重要。很多刚开始做直播的朋友，经常为不知道卖什么发愁，其实我的建议还是只管先去做吧，能卖什么，卖得怎么样，实践出真知，每个人的路都不一样，所以他人的经验都只能是参考，自己向前跨一步，胜过他人千言万语。

从“我的田园”到孙窑村

“我的田园”2016年初开始建设，当年年底我带着孩子正式搬到园里居住，一直持续到2021年10月，共六年的时间。2021年7月，河南郑州下了一场著名的大雨，“我的田园”恰在重灾区，山体滑坡，窑洞坍塌，六年心血毁于一旦，幸运的是全园所有生命都安然无恙，只在后来，发现一只肥胖的母鸡大概因为连续大雨，饥寒交迫，离开了我们。

最初并未想着搬离，六年时间，我已深深扎根于那片土地，虽然遭遇重创，枝叶受到严重损伤，但根还在泥土里深深地扎着，只要根在，一切都有希望，我相信“我的田园”一定会随着时间的推移恢复元气，像从前一样充满生机。雨停后，我们就开始清理淤泥、修缮房屋，但没想到的是次生灾害更吓人，被雨水泡软的山体开始滑坡，有时候正在园里走着，突然就传来“轰隆隆”的声音，一处山体就在眼前开始坍塌。那声音如此陌生，仿佛大地深处，正有一股巨大的不可控制的能量炸裂开来，让人不由自主地产生深深的恐惧。

我住的那孔窑洞也被一侧的山体滑坡砸坏了一个角，那段时间，连进去拿东西都心惊胆战，只好暂时搬到城里爸妈那里居住。我有一条大狗，名叫麦子，中亚牧羊犬，当时四岁多，本来住在一处山体下面的小窑洞里，门前是一片圈起来的大约四五十平方米的活动空地。那天清晨到园里一看，它那处山体也滑坡了，那孔小窑洞被堵得结结实实，幸运的是麦子没事，狗天生对危险敏感。刚见到麦子时，它满身泥水，一脸惊恐，我们把它暂时转移到刚修好的一间板房里面。谁知没过几天，那间板房也被一旁的山体滑坡砸坏了，不知麦子是怎么扒开窗户的钢筋，逃了出去。它没事，但它逃了出去，把我吓坏了，听说它在村里游荡，那么大的个子，又因为总咬其他的小动物一直关着，关了一两年，性情越发暴躁，万一咬了人或者吓到人怎么办？

从村里找到它后，用了好几根火腿，才慢慢哄回园里，又把它关进一个大笼子里，那段时间，整天都为这条大狗担心。特意把笼子放在离山体较远的地方，但一天夜里，又有山体滑坡了，麦子已被那声音吓破了胆，它再次强行扒开钢筋，逃了出去。这次它受伤了，园里到处都是它血迹斑斑的脚印。

如果说在此之前，我还心存侥幸，想再观察观察，看看能否坚持下去，但看到麦子流血的那一刻，我决定一定要离开，而且要尽快搬离。我觉得这是上天给我的启示。当时周边城镇和乡村的人、动物和财产，伤损重大。

去哪里呢？似乎上天也给我安排好了，去孙窑村。

直播之前，我在孙窑村埋头干了一年，只管耕耘，不问收获，没想到收获在这里等着。当初离开，是各种客观原因使然，反正只要对村庄发展有利，我没有任何怨言，那一年我怀着满满的激情而去，然后两袖清风离开，没带走一片云彩。

但我因此赢得了尊重。

后来，当地领导多次希望我能回去。但那时我做直播正如火如荼，无暇再顾及其他。

这一场大雨，居然让缘分续了起来。在当时这是最合适的选择。

2021 年的 10 月份，我带着一园子的小动物，离开了居住五年多的地方，搬家了。曾以为“我的田园”便是此生最后的归宿，但世事就是这么无常，曾以为的永远，于一生来说，不过只是一小段旅程。

搬到孙窑村后，因为暂时只有一座闲置的院子，我们收拾了出来，把小动物们安顿好，在镇上租房子住了一年。这期间，开始建设田园新居。

经过“7 · 20”大雨的洗礼，我只想要一座结实的房子，也是缘分使然，朋友圈恰好有朋友设计建房，于是新居最终呈现了那样的样貌。

在孙窑村，我们流转了一百多亩土地，开始种植玫瑰花。这个想法其实在旧园时就有，只是那里周边土地基本已被流转完，恰是这样的变化，使这个想法实现。

之所以要种植玫瑰花，主要是因为玫瑰纯露销量很好，为了进一步把控产品质量，使它更具有市场竞争力，把它作为我们在乡村生活的支柱产品，同时也因为在农村生活，种植方便，所以我们觉得有必要流转土地，从种植开始，真正生产一款属于自己的产品。而且，我觉得这是一件多么幸福的事情啊，我们新房的宅基地，就挨着玫瑰园，春天的时候，大片的玫瑰花开，我们就住在花田里，种花卖花，赏花写花，与花为伴，卖花为生，不仅兼顾了生计，还愉悦了生活。

自己种植，自己生产加工，品质更有保障，价格也更具有竞争力，因此这两年，玫瑰精华水一直是我们的主打产品。在市场竞争加剧，品质参差不齐的状况下，我们凭借天然的过硬的产品质量，拥有一大批忠实的用户。我们自己种植了一百多亩，联合种植了一千多亩，花种得好，生产的产品也卖得好，似乎又踏出一条成功之路。

所以后来不断有人来咨询、学习。这些人中，多数有现成的土地资源。

我们种花，是因为先有销路，产品不愁卖，所以在投资时也就没压力，如果不是这样，我认为还是要慎重考虑的。种地投资大，回报周期长，植物有自己的生长周期，急不来，像花苗种到地里，得近两年的时间才能收第一批花。有了收获，如果没有销路，辛苦不能及时换成钱，会难上加难。

后来，孙窑村原来的运营团队彻底搬离，整个村庄的院子都闲置下来，我就把所有的院子都租了，共12座，为便于管理，把主播、运营和客服等人员搬了过来。这时，我们团队的人数已有四十多人，其中一部分在这里生活、工作，安居乐业，也算实现了当初对整个村庄的设想：门前种花，屋后种菜，鸡犬相闻，邻里互答，租金每年十二万，上交村里，作为扶贫资金使用。

我在村里生活了两年半的时间，这个小村庄又变得热气腾腾，春天时，是花的海洋，美成一幅又一幅画。但是它太热闹了，人太多了，连续奔跑了四年多的时间，我累了！

我越来越怀念从前的日子。十年前，我在小木屋，一个人，一本书，一支笔，关起门来，书写春夏秋冬；六年前，我在旧园，和一园子的花草植物为伴，一园清欢，无人打扰。承蒙上天厚爱，我需要钱，给了我赚钱的机会，可是当钱不再是障碍时，该如何安放这颗渴望宁静的心呢？

孙窑村的最后一年时间里，其实我都在挣扎。这时我的生活在众人看来，已经算是完美了，爱情甜蜜，事业顺利，父母身体健康，孩子懂事听话，爱情，亲情，友情，样样完美无缺。但我的内心，却缺失了一大块，那是心灵的家园荒芜了，它在呼唤我回归。我一天不回归，它一天不安宁。

从 2014 年辞工归田到 2024 年进山之前，十年间，似乎做了很多事，但又感觉始终只做了一件事，那就是循着内心的声音走路，为了热爱的生活努力。我没有让自己偏离生活太久，心不允许，而这些年的起起伏伏、纷纷扰扰，让我更加渴望清寂的生活，原来的田园生活，也觉得过于烟火气了。

从田园走进深山

田园已经很好了，可是我的心啊，还是想走。为什么会这样？起初连我自己也不明白，自己和自己做着思想斗争。

进山之前

2024年5月，我离开居住了两年多的孙窑村，来到陕西终南山。关于这一次的离开，尽管我在社交媒体如实剖析和记录了整个心路历程，一时仍然众说纷纭。有人说是为流量，为了挣钱，有人说是为情所伤，有人说是更年期，抑郁了，当然也有很多人表示理解，感同身受，仿佛在我的身上看到了自己的现状，产生了深深的共鸣。

我理解为什么会有这么多声音。在一些人心中，挣钱是第一位的，钱能解决生活中百分之九十以上的烦恼，一切的转变，只应该是为了钱，在这样的认知前提下，这部分人对我表现得嗤之以鼻，认为为了钱如此折腾自己的生活，却又把自己标榜得那么清高，令人不齿和愤怒。

还有一部分人，感情在其生活中占主导地位，自然认为这样的转变，一定是为情所伤无奈之下的逃离；正处于更年期或经历过更年期的朋友，看到我数次流泪，和其症状相似，则认为一定是更年期的原因。

每个人在他人身上看到的其实都是自己。有一句话是这样的：你眼中的自己不是自己，你眼中的他人也不是他人，你眼中的他人才是真正的自己，万事万物都是自己的一面镜子，投影出来的，恰是自己最真实的模样。

我们在 2021 年 10 月举家搬到河南焦作的孙窑村，因为郑州郊区的“我的田园”在当年的 7 月份受灾，几乎没有修复希望，再住下去，危险重重，于是在各种机缘下，搬到了孙窑村，并于当年的年底开始在村里建设新居。因为是受灾而来，窑洞损毁，房屋倒塌，所以当时只想要一个结实的房子，再不用担心风雨的袭击，恰好朋友圈里，有专门建房子的朋友，方便之下，联系了他，于是最终一起呈现出了孙窑新居的面貌。

后来也有人说，我的离开是和那里的房子有关，说那房子一看就不接地气，大家想看的还是一方朴素的小院，更有田园气息，说我一定也不喜欢。

以上说法都只是臆测，不是实情。对于房子，我更是没有任何意见，那只是容纳身体的场所而已，无论它是什么模样，只要结实稳固，能遮风挡雨，有这样的功能就可以了。正如当年在老园子建设窑洞一样，一切都是当时的机缘条件下，做出的最符合心意的选择，我对这些一直都是非常满意的。

之所以离开，只是因为我对自己在这里的生活状态不满意。

那时候，我做直播电商已有四年多的时间，这些年来，几乎是全力以赴，这是我一贯的做事态度，一段时间里，每做一件事，眼里心里就只有这一件事，再无暇其他。但是当我这样全速奔跑了四年，工作已经进入平稳发展期，空余时间越来越多时，却发现空虚和荒芜感越来越明显。我是一个很少回顾过去的人，因为每一个当下都已是当时最好的选择，无怨无悔，但那段时间，我经常怀念小木屋时期，怀念在老园子里的前几年时光。

那时候，我完全地和自己在一起，和我热爱的大自然在一起，自觉内外娟秀，内心时常像有一股清澈的溪水在汩汩流淌，写出来的文字，也是从心底里自然流淌出来的，是水满则溢的状态，带着虫鸟的灵动、草木的清香。那时候虽然物质上不富裕，但精神世界多么富足啊，我那么热爱写作，是因为无数次，我体会到那种把内心满溢的感情通过文字表达出来的酣畅，我在写大自然的时候，完全和大自然在一起，早早就体会过那种物我两忘的感觉。

可是后来我的生活是什么样的呢？

因为工作繁忙，那四年来，生活起居均有阿姨照顾，小动物有人喂，院子有人扫，花草有人打理，洗衣做饭无需动手，更不用说地里的活儿，自从流转了一百多亩土地开始种植玫瑰花后，已经成为一份产业，有工人专门收种。家人体谅我的辛苦，一应大小事务，只需动嘴，胡大博更是说，除非我要天上的星星摘不下来，只要他能做的，只管吩咐。

可是我说，我要我的日子，我的日子没有了！我要像从前一样，和大自然在一起，我想要一个空空的、寂寂的环境，在那里，只有天地万物，只有我自己，可以不用说话，亲手打理简单的生活，真正扎根在泥土里，鲜活地活着。

而现在，我仿佛一株植物，离开了生活的泥土的滋养，快要枯萎了。

每当我流着泪表达这份难过和委屈时，身边那些亲爱的人，胡大博、我弟弟、彦彦，都给了我最大的理解和包容。他们会说，你就完全按照自己的心意，不用去想那么多，不想直播就不播，想做什么都可以，工作不求有更大的突破和进展，目前这样，大家都已经很满足了，让它顺其自然地往前走着就行。

每当这样的时候，他们会主动地承担更多，好让我有时间停下来，去安抚一下自己的情绪。我会给自己放假，试着放空，像从前一样，融入大自然，和生活重新建立起连接。

但当我停下来才发现，做不到，这一切都只是刻意为之。如果不工作，我无事可做，整座园子，整个院子，都被安排得妥妥帖帖，如果硬要去做一些事情，反而打乱了现有的秩序，给他们增添了麻烦。

所以，往往当这样努力了几天，发现并不能回到往昔的那种平静和喜悦中去，当情绪也渐渐平稳下来后，也就该干什么干什么去了。我会这样安慰自己：日子已经这么好，有什么矫情的呢，上天给了这么多，好好珍惜吧！

那时候甚至想，如果短视频没落了就好了，流量时代过去了就好了，这样就不算是我不够珍惜。人的一生，这样的机遇不会常有，给了你却不珍惜，自己也觉得说不过去。

我就在这样的平静和反复中，过了一年多。我尝试了多种方法，试图在工作和自我中找到一种平衡，比如打造“种瓜小院”，想在不直播的时候，把自己关起来；辞去阿姨，让自己忙起来，和生活重新建立连接；去离村不远的山里另租一处院子，偶尔躲起来；等等。

但我发现均不行，这一切的安排，最终都会被村里的那股无形的能量重新卷回去。我的心始终在流浪，左冲右突，找不到一个突破口。

我经常对胡大博说，我要到终南山去，找一个小院子，两三间小房子满足基本需求，一小块菜地亲手打理，砍柴生火，过简单的、清寂的生活。那时候我对终南山并没有清晰的印象，仅从读过的一些文字里看到过它的部分面貌，但直觉那是一方清凉之地，可以安抚我无处安放的滚烫灵魂。胡大博总是说，好的，不过现在还不是时候，我们还需趁着机会再努力几年，等有了足够的资本，把老人和孩子都安顿好，我就陪你归隐山林，到时候你去哪里我就去哪里。

我觉得他说得都有道理，事实也如此。于是也就一次次按捺下悸动的心，把日子照常地过下去了。

只是时常地不快乐，时常地流眼泪，时常地怀念过去，时常地想要摆脱这一切，又只能时常地自我安慰，否定这些思想。日子已经很好了，还要怎样呢？有点缺憾也是正常的，安住在当下吧！

但我会在一个人走路时，走着走着就哭了；在直播间聊天时，说着说着就哭了；不想见人，对很多事都失去了兴趣和耐心，以至连自己都怀疑，是不是抑郁了！

我又想起来那部电影《有熊谷守一在的地方》，那就是我啊，那才是我在这个世界上应该有的模样，可是我却被一股无形的力量捆缚在这里，动弹不得了！我为那个远去的自己哭泣，为理想的不可得而悲伤万分。

一切貌似都很圆满，但心里的缺口却越来越大，一切有形的东西均无法填补。同时又很迷茫，不知道何去何从，该做出怎样的调整才能改变这样的现状。

一次说走就走的旅行

在很多人看来，我是毫无预兆地突然去了终南山。其实所有的突然改变，都并非突然，来终南山，已是预谋许久了！只是连我自己也没想到，最终真的来到了这里。

事情的转变，是在一个不经意的下午。

说起来真是玄妙，怎么也没想到，那个下午竟然成了我人生的又一个转折点。那天下午，我们像往常一样在“种瓜小院”直播，院子里花木扶疏、树影幢幢，是初夏，微微有一点热，我突然说，咱们下播，去玩吧！

当时胡大博、彦彦、小五，我们四人在。本是随口一提，没想到大家却异口同声：好啊，去哪里？

去哪里都行，反正就是不想干活了，想去玩。

说走就走。小五说过多次，她曾去过洛阳某处地方，山好水好，有一个小村庄，几户人家，非常幽静，如果要在山里有个院子，可以去看一看。看看时间，当天晚上赶到洛阳，第二天一早去很合适。

一行人就这样出发了。吹吹风，看看风景，那个山里的小村庄，即便有合适的小院子，也没想一定要怎样。

当天晚上，几个人在洛阳的夜市摊喝酒，吃烤串，有一种放飞的快乐。第二天一早出发去山里，风景却不尽如人意，路况太差，水库里也没有多少水，在山路上颠簸了许久，才到达所说的那个小山村。几座破破烂烂的房子，一对老夫妻，周围是看起来同样贫瘠的山体，我甚至连停留一会儿的兴趣都没有，直接掉头回去了。

小五也觉得奇怪，明明记忆中很不错的地方，怎么这次来，感觉差别这么大？其实旅行就是这样，风景受季节、旅伴、心情等因素的影响很大，同样一处地方，不同的季节去，和不同的人去，感受都不太一样。可能最主要的，是我和胡大博都对这地方不太喜欢的缘故吧！

那就这样回村里吗？感觉还没玩呢！这时我突然想起一直念叨的终南山，一查，居然只有四个小时的车程了，不如我们去终南山吧！

又是一致通过，说走就走。就这样，一路向西，我们毫无预设地、突然地，来到了终南山。

只远远看了一眼，我心中的某个地方就被强烈触动了，说不清的一种感觉弥漫在心头。终南山若画若仙、丰神俊逸、风姿绰约，如一位仙子，又像一位隐士，清冷、飘逸，远远望去，衣袂飘飘，虽只是一袭剪影，却足以让人神魂颠倒，见之忘俗。我觉得我只要走进去，就可以和它天然地融为一体，那就是我，我就是那样的，然而我却已和那个本来的自己失散了这么久！那一刻我热泪盈眶，委屈，欣喜，激动，多种复杂的情感交织，忍不住数次泪流满面。

我说我要留在这里，不走了。我并没有说多么喜欢终南山，这样的感受难以用语言来表达，也不是一个“喜欢”就能完全表达，但他们一定都感受到了我内心的情感。胡大博说，好的，喜欢这里咱就来这里，后半辈子，就在终南山度过也不错，他说他也很喜欢。

小五和我感觉差不多。彦彦则说她完全 get 不到我的点，她虽然觉得终南山很美，却不能明白我为什么如此激动，但她一贯地表示支持，认为只要我喜欢，怎样都可以。

我当即在网上联系了一个专门在终南山帮人找院子的人，当天下午就开始行动了。然而看了几处，大失所望，从外面看到的终南山带给我的那种俊逸之感荡然无存，一处处院子，面对的都只是山的一小面，和任何一座山中小院并无区别。而且要么路况太差，要么许多人居住一起，和我心中想要的“隐”的感觉相差甚远，一比较，还不如孙窑村现在的院子。

这次旅行，本就是一时兴起，没做太多准备，我们连套换洗衣服都没带，按照计划，第二天就该回去了。但在终南山看了半天房子后，天色已晚，路途遥远，走夜路不便，只好再住一晚。

我心里也有不甘，明明看起来那么美，怎么实际感受相差这么大呢？一定是我们没找对地方，终南山那么多隐士，他们都在哪里居住？我说我还想看看那些和我们类似的人，看看他们在这里的真实的生活状态，一定要去实地感受一下。

小五辗转联系到一个住在这里已多年的朋友。第二天早饭后，我们就出发去他那里了。

在这里，我终于找到了自己想要的感觉。

这座小院子在一个小山村里，村庄位于终南山的一处半山腰上，只有几户人家，依山而居，散散落落。站在通往村庄的那条山路上，一侧是长安城的万家灯火遥遥相望，一侧是终南山的层峦叠嶂近在眼前。穿过几乎被野草封锁的小径，推开那扇掩映在花木丛中的木门，一座特别清幽的小院子出现在眼前，置身其中，心仿佛掉入一口长满青苔的古井里，清凉之感迅速浸透全身。

没错，这就是我想象中的终南山的生活，闭门索居，遗世独立，清清静静，清清凉凉。幸好，没有轻易地下结论，否则这次一走，将永远错失了！

但真要去实现这样的生活，也是觉得太费周章了！这时我才想到，我不是一个人，有家庭，有团队，我的翅膀上捆缚着太多东西，每当我想展翅飞翔时，都再次感受到它的沉重。

在朋友那里坐了一会儿，我们就启程回去了。路上，我反复思量，觉得还是不能，只好又自我安慰，不管在哪里生活，不都是关起门来过日子吗？孙窑村的种瓜小院已经很不错了，回去好好打理一下，不直播的时候，关起门来，应该也一样。再说，那里水、电、网俱全，各种生活设施齐备，不折腾啊，这些年来，不断地建房子、修房子，也是够了！如果来山里再弄一处院子，又得重复那些工作，费钱不说，想想都累。

反复想了一路，到家时决定，算了，就把心安放在孙窑村，安放在种瓜小院，回头在院子周围多种绿竹，让它更隐、更幽，应该也不错。这个决定，可把胡大博高兴坏了，说正是这样啊，这样多好，心安之处，哪里都可以是家，并立刻着手安排，要按照我的设想收拾种瓜小院。

但仅仅两天后，我的思想又变了！那个说走就走的下午终究不是一个普通的下午，它在我个人的成长历程中，注定留下浓墨重彩的一笔。

重返终南山

从终南山刚回到村里的那两天，我是想安安稳稳地在村里待着的，我知道，只要动了那个念头，接下来就要面临一系列麻烦的事情。每当念头升起，我就找各种理由把它摁下去，自己和自己做着思想斗争。

但最后，仍然是内心的声音占了上风，如果违背它，我会觉得一直不得安宁。心里有个声音一直在要求我：再去感受一下吧，不一样，真的不一样！

村里的小院子虽说很不错，但在这里，我没有那种清凉之感，它深陷尘网，如果在这里，我仍然是那网中的飞虫。在这种声音的催促下，两天后，我决定再回到终南山，去朋友那里暂住，好好感受一下。

一年多的时间了，我的心始终无法安宁，现在好不容易在一个地方觉出片刻清凉，我太珍惜了！像以前的许多次一样，当内心的某个声音足够响亮时，我再次选择听从它的召唤，尊重它的指引。这次小五陪我一起去的，如果可以，她也要在终南山栖居，这也是她曾经认为的遥远的梦想。

这次我俩在朋友的院子里借住了一周时间。

那几天里，除了吃饭睡觉，几乎都在山里游荡。这个世界那么安静，安静到你只能听见鸟鸣的声音，流水的声音，它又是那么清静，清静到你会注意每一朵小小的山花；每一只慢悠悠过路的虫子。山上的花朵都不大，颜色也浅浅淡淡的，但它们开在路边，因为内心的清净，你会一眼就能看到。当内心渐渐被大自然的声音和颜色填满，整个人也仿佛被洗涤了一遍，变得松弛下来。

松弛下来的我，突然觉得一切都不再重要。写东西不重要，看书不重要，是否有感受不重要，直播不重要，胡大博也不重要，突然明白，以上这些，正是一直捆缚我的东西。而当我觉得这一切都不再重要时，好轻松啊！走路时专心走路，看花时满心是花，大山的声音自由地穿过耳朵，身体和头脑都是空的，无思无想，看山是山，看草是草，旧情绪纷纷从体内走掉，身体的每一个毛孔都是畅通的。这座山的空气饱含能量，每呼吸一口，身体都仿佛在重新苏醒，我能清晰地感觉到，那些清澈的、轻盈的东西，正在重新慢慢进入体内。

有一天清晨，我坐在院子里对镜梳妆，初升的太阳明亮的光线打在脸上，我猛然发现自己竟是那么憔悴。好久好久，都没有这样在阳光下看过自己了，这些年，的确关注自己太少，是该把精神内收的时候了！

于人生而言，一周的时间太短，不足以做成什么事，做出什么重大的决定。可于我，在那短短的一周里，却仿佛走了很远很远的路，翻过了一座又一座山，我感觉离原来的生活越来越远了。

当意识到自己已经走远，再也回不去时，我痛哭了一场。泪水里有不舍，但更多的是喜悦，我在心里，默默和过去做了一场道别。

我深深地爱着那一切，胡大博，彦彦，我弟弟，我的团队的小伙伴们，我的鸡鸭鹅，还有孙窑村的日出日落、田地花朵，可是，我也得好好爱我自己。过去，他们给了我最大的理解、支持和爱，我一直认为应该知足，上天真的给了我很多，可是这些天在山里，我才清晰地认识到，那也恰恰是我的枷锁。在村里，在那样一个场域里，我认为直播很重要，拍视频很重要，写文字、读书、在生活里获取灵感等等，都很重要，每当我不想直播，却不得不坐在直播间，写不出满意的文字，却不得不努力抓取，我就很痛苦。

可是在这里，在这样一座清清静静的大山里，我突然觉得这一切都不重要了。我感觉到久违的安宁和平静。

然后越来越多地、自然而然地，更多东西从我的生命里退去，舒适的房子，漂亮的家具，满院子的花草和小动物……我认识到这些其实也是枷锁，在一层一层地脱落，我仿佛听到它们不停地铮然落地的声音。我重新看见了自己，那个本然的、婴儿一样的自己。

我多么激动啊！那些天经常流泪，每当向自己又走近一步，都有无限的欣喜。我拥有的越来越多，可是想要的越来越少，我占有的那些东西，也在用同样的方式占有我，让我在看起来丰富的同时，越发沉重。

不是一定要走进终南山才可以，而是恰好在终南山，我和最初的自己再次相遇；也不是以后什么都不做了，在这人世间，该做什么，该承担的，一样不减少，只是我想更多依心而行，把自己还给自己。

一切都让它自然而然地呈现。

而那些天我也深切地感受到，为什么那么多人来终南山修行，不是无缘无故。

这座山，真的不一样。在我从前的经历中，从没有一个地方像终南山一样，来了，就再也不想走了！

和胡大博沟通好后，我们就开始着手在终南山找房子。这次不再犹豫。

我向朋友描述想要的院子的感觉：最好是在一个小山村里，相对独立，但也不要离人家太远，主要是安全。朋友说，那带你们到大峪感受一下，也许那里你会喜欢。

就这样，我们来到了大峪，而且好巧，正有一座这样的院子等着我们。它的上一任房主刚走，房子刚刚空下来，我们走了半个小时左右，在天色已晚时爬到上面，看到房东老太太正在打扫卫生。于是，这座位于半山腰上，面对大山，视野开阔，门前有一弯流水的小院子，就这样暂时属于我们了！

入住之后，尤其当重新收拾得更加宜居后，很多人看到都羡慕，问附近还能租到这样的院子吗？我总是说得碰，看运气。尊重内心声音的指引，就是暗合天道，天地自会佑之。

正式开始山居生活

我们租下的这座小院子，刚开始的情况是这样的：自然环境没得说，很好，位于半山腰上的一个小山村里，海拔 1400 米，要到达这里，需走过一段崎岖的山路，车勉强能上，但不带重物时，步行更方便，游客很少，非常清静；视野开阔，相对独立，距离最近的邻居不到 100 米，也很安全。和我想象中的模样差不多。

此外，它外形古朴，已有数十年历史，坐落在这座大山里，看起来简直就是大山的一部分一样自然。三间正房，两间偏房，一个小厨房，两张土炕，几件老家具，水电俱全，添置点简单的生活用品即可入住的感觉。

我们也真就那样入住了。一刻也不想等，灵魂在召唤，它已漂泊太久，什么也没有身心归位带来的安宁和幸福感重要。没有水，就从门口的小水潭里暂时取水；电插座一用刺啦啦冒火星，那就尽量先不用电器；土炕太潮湿，烧炕，烧了之后又太燥热，那就出山，找个宾馆暂住；厨房脏乱，屋顶漏水，一时没法收拾，就在外面做饭；下雨哗哗漏水，用盆接水……总之，一切都不是问题，先把心安顿好再说。

四壁空空的屋子，恰好可以更好地容纳一颗疲倦已久的心，在这样的环境里，我才发觉，其实生命所需真的不多，困了有地方睡觉，饿了可以做饭，如此足矣！满足基本生活所需之外的所有东西，都不值得太过思量，而我们往往把更多的时间和精力花费在这些地方。我们被生活牵着走，仿佛滑进了一个轨道，不自觉地沿着固有的方向前行，直到累得筋疲力尽，而总是在很累时，可能才会停下来想一想，为什么要一直这样做？是否有这个必要？

之前我在直播的道路上埋头苦干了四年多，生活中所有的事情，都以此为重心，开始是生活所迫，但后来其实就不是这样了，只是它占据我的生活重心那么久，使我以为它就是那么重要。直到我觉得在这样的状态里非常难过，试图挣脱，直到内心的声音越来越响亮，我才不得不循着它有了现在的改变。

诚然，每个人在这世间都不是独立的存在，我们不仅是自己，同时还是人妻、人母，为人儿女，如果不能担负好应有的责任去谈做自己，无疑是一种自私的行为。但责任和欲望之间的界限并不总是那么清楚，我们努力地工作挣钱，是想自己和家人有更好的生活，把责任尽好，但“更好的生活”本身就没有一定的标准，有人小富即安，有人腰缠万贯仍然没有安全感，如果不懂得及时刹车，你会在挣钱这条路上无止境地走，最终沦为金钱的奴隶。

我把挣来的钱拿去建了更大更舒适的房子，现在，几间茅屋同样起到了应有的作用；我买了一屋子的生活用品，有些还价值不菲，但常用的不过那几样，更多时候，它们在蒙尘；为了照顾这样一座房子，使自己不至于太过劳累，请了阿姨，又多一项开支。似乎这一切都是必需，都是保证生活正常运行的必要条件。来到山里生活后我才发现，其实都没必要，正是这些成了我的枷锁，使我无法停下来，关注内心的真正所需。

在山里的很多个清晨，吃过简单的早餐，我坐在院子里，面对着大山，听满山的鸟鸣声，看山头上云卷云舒，一任清风拂面，感觉人生如此，夫复何求！我们一天两顿饭，有时一顿，来后不久，赶上山里的雨季，雨三两天一下，有时一会儿一阵，好好的天，忽然飘来一片云，落下一阵雨。雨后的天空更是变幻无穷，有时彩霞满天、云蒸霞蔚，有时风起云涌，山在云雾中忽隐忽现。云雾像长了脚，跑得飞快，眼睁睁把一座大山吞没了，而转眼，山体又从云海中冒出来，云雾浸透植被，大山变得更加黝黑俊秀。有时，蓝天不期而至，那天蓝得啊，让人感动，让人认为蓝色就是世界上最美的颜色。

天晴了洗衣服，晒被子，除了简单的餐食，生活中就这几件事，身闲心闲。心里的空间一下子大了起来，蓝天白云可以进来，明月清风可以进来，更多美好的事物越来越多地占据了心间，原来很重要的人和事，所占的比例越来越小，自然，它们也就不再过多地消耗自己的能量，精神状态越来越好。

我多么欣喜！终于只和自己在一起，只关注自己的生命所需。原来生命所需真的不多，只需把身体照顾好，让它不要饿着、冷着、累着即可。

后来我们开始收拾房子，也是主要围绕这几点基本的需求来做。那时候发现十分需要一个洗手间，当时所谓的洗手间，就是一个几块石头围成的旱厕，连个屋顶都没有，上厕所之前得先查看一下周边环境。有一次上完厕所站起来才发现，不远处有个老汉在割艾草，吓出一身冷汗，更别提洗澡了，只能烧点热水擦擦身体。我觉得其他还好说，唯有如厕这一件事情，难住了我，因为环境太过简陋，我通常是能不上就不上，上了也是草草了事，导致那段时间经常不舒服，每天都要用一些时间来对抗这种身体的不适。

夏天这样凑合还能过去，冬天将更难过，听说秦岭的冬天零下十几摄氏度，雪动辄一尺多厚，这样的天气在户外上厕所，难以想象。但目前这些房间，把洗手间放在哪里也真是一个问题，不允许私搭乱建，听说有人在户外建了个狗窝都被拆除了。后来不得已，把原来的厨房改成了洗手间，客厅用一堵火墙一分为二，一半用作客厅兼书房，一半用作厨房。如此一改，感觉完美，兼顾了功能，火墙顺便把冬天的取暖问题也解决了。

一个人的生活空间，就是现阶段生命状态的最好体现，当幸福和快乐不再过度依赖外物时，空间也会变得空明，一应所需，了了分明。物质的简单，带来的是精神的内收，身心归位，心神合一，是从未有过的安宁和满足。

经常有人问我，你这种生活能持续多久？我认为这一点也不重要。在条件允许的情况下，随心走，相信心会把你带到觉得最舒服的地方，在那里实现和原本的自己的合一。随心走，貌似生活一直在动，因为心安宁，其实一直在静中，心是一切的根源，而不断地突破自己，使生命状态像水一样流动起来，不断地注入新的活力，恰恰也符合生命本就是流动的本质。所以，我从不考虑能在一个地方待多久这样的问题，只把每一个当下当成永久来过，认认真真地修房子，认认真真地过好每一天。

有人说钱能解决生活中百分之九十以上的烦恼，这话没错，但可能正是那百分之十的钱以外的东西，决定了生命的高度和质量。真正的幸福正来自这里，它不在别处，就在我们的心里。我们之所以时常心神不宁、焦虑难过，皆因一直以来太忽略内心的声音了，总是努力向外抓取，误以为幸福在别处，而万事万物无一刻不在变化中，我们的心又怎能有一刻的安宁呢？

我的家人们

当时在终南山把房子租好后，我们就先回村了。

其实很不想回去，需要的生活用品并不多，在山下都能很方便买到，胡大博也打算近两天过来，也会顺便带过来一些。但我爸的腿突然被电锯割伤了，还挺严重，在住院，我得回去看看。

一路上，随着离家越来越近，小五多次问我：开心吗？是不是很激动呀？

开心，一想到要见到那些亲爱的人，心里就暖暖的。但并无波澜，心心念念的，还是那座山，想着赶紧办完事，早点回去。

到家，胡大博站在门口，给了我一个大大的拥抱。

彦彦和我弟弟一起，做了一桌好吃的。

院子里草木葱茏、灯火可亲，狗狗欢呼雀跃，家的温暖，让旅途的劳累一扫而光。我说，我已经六天没洗澡洗头发了。都笑。

山里多有不便，但空气清新，自有清风明月涤心，也没觉得特别不适。

婆婆来了，满眼笑容，满脸心疼，说："我看看是瘦了还是胖了？"

没胖也没瘦，就是晒黑了点。

她一直觉得山里生活清苦，很是心疼，哭了好几次了。也很不理解，为什么一定要去那里生活呢？

胡大博说，现在不用担心了，两家老人都不用担心了，他已经提前做通了思想工作。他说，这些年来，娟为两个家庭都做出了巨大贡献，让大家都生活得好好的，现在她想做点自己喜欢的事情，我们都要支持。

他对婆婆说："人各有志，就像你喜欢钱，你见了钱开心。娟喜欢这样的生活，你觉得苦，她不觉得，对她来说是享受。"

我感谢胡大博的肯定、理解和支持，我知道，这里面更多的还有包容。

当我起了去终南山的念头后，起初他是不乐意的，他喜欢安逸，孙窑村的生活，他已经很满意。但因为爱，他说，你去哪里我去哪里，有你的地方才有家。

我何尝不是因为他，才犹豫了又犹豫，徘徊了再徘徊，但最终，还是选择了遵从内心的声音，因为我深知，唯有把自己的心照顾好，才能更好地爱他人，如果心不快乐，即便日日在一起，也只是在波澜不惊的日子里，把热情和欢喜消耗殆尽。

随着我对自己的感觉日渐清晰，随着我的念头越来越强烈，当我最终做了这样的决定，胡大博也终于放下所有的猜疑、不解和不安。他一直都是懂我的那个人，并且像一座山一样，站在背后，为我护航。

何其有幸，亲爱的，让我遇见你！

我曾问他："你恨我吗？"

他说："有什么恨的呢！"

"你喜欢稳定的生活，可我总是在折腾。"

他说以前怨恨过，但想开了，也就理解了！"已经快五十了，剩下的时间就按照自己想要的去生活吧，很多人到这年龄，生活已经陷入平淡，一年和一天没什么区别，你却开启了新的篇章，这样的人生才有意义，我都有点羡慕。每当想到这一点，我就想开了，理解了。"

"去吧，去按照你想要的方式生活吧！人生这后半张纸，就自由地发挥，想画什么就画什么。我要是能不干涉你的，全部由着你！"

他的话，让我鼻子酸酸的。千言万语，亲爱的，谢谢你！

我选择去终南山，胡大博暂时还不能同行。以后他想我了，会去山里看我，小住几天，我想家了，也会随时回来看他，还有其他家人。目前工作还需要他打理，而他，虽然也喜欢山间的清风明月，但现阶段更想要的，还是事业上的突破和成功。

那就让花成花，树成树，在一起，彼此成全，都做最好的自己。

到家第二天，去看我爸。

我爸腿伤缝了九针，还好没有伤筋动骨。他在医院住了三天，度日如年，说再熬一天就出院。医生本来让住院两周时间的。

见了我，他笑眯眯的，问："那边感觉怎样啊？"

我说：“好得很啊！”

终南山七十二峪，我们在号称“七十二峪之首”的大峪，山清水秀，天然氧吧，我说，等你腿好了，和我妈一起去那里住一段时间，就当度假！我爸始终笑眯眯的，没有一句质疑。自从多年前，我选择回到乡下生活，我们因意见分歧发生了一次剧烈的争吵后，这些年来，他看着我一步步走到今天，终于相信，我可以把自己的生活经营得很好，无论我怎样做，都无须担心。

我妈则显得忧心忡忡，“那这边的说不要都不要了吗？”她说。

怎么会不要了呢？一切都不变，胡大博和彦彦他们多操点心就行，他们都很能干，我只是换个喜欢的地方生活。我安慰她，咱们做自媒体的，只要有网线，在哪里都一样。

我妈还是忧心，她终于问出了最担心的：

“你去那里，时间长了你俩会不会出问题啊？”

当时胡大博就在一旁坐着喝茶，他很自然地说：“不会的妈，放心！我也会随时过去的。”

我对我妈的安慰也只能是泛泛几句。因为这个事情，每个人会根据自己的经历、认知，有根深蒂固的认识。

其实，我也不是没有认真思考过这个问题。在此之前，我也怕，胡大博是多好的男人啊，感情纯粹，热烈，专一，对我宠爱有加，几乎百依百顺，我们是爱人，也是朋友、事业伙伴，多种角色，让我们可以无话不谈。

一想到我离开后，有可能会失去这些，我就心痛。但就在前一天早上，我在凌晨四点多钟醒来，当再一次想到这些时，突然想，把这些放下吧！把胡大博放下，把感情放下，我想到以后我一个人，一个人睡觉，一个人吃饭，一个人走路，竟感觉一身轻松。那一刻，仿佛又从身体上脱掉了一层痂，而且是最顽固的、最里面的那层。

在此之前，我在物质上、精神上都做了一次断舍离，唯有感情，还在背负。于我而言，世上最难过的，莫过情关，半生痴情、深情，多少艰难，皆是因为感情的负累！

可在这一刻，我突然觉得，以后再不会被感情捆缚了！这不是深思熟虑的结果，也不是想通了，就是自然而然地，一下子觉得那些都不重要了。我认真体会了一下，即便胡大博又找了一个人，即便我亲眼看见，也没有心痛和难过了！

那一刻，我又流下了激动的泪水，为自己的进一步新生而流泪。我对胡大博说，我依然爱你，像以前一样爱你，只是这爱更广阔，不再以占有为目的，我希望你快乐、喜悦，只要你感觉是这样，怎样都可以。

他说理解，但也失落。他想要的，还是从前的我，那个满心满眼都是他的我，那个会吵架会吃醋的我。

我的爱虽然没变，但更广阔了，他失落觉得自己没那么重要了！

下午去看女儿。

她住校，因为周六周日要补课，所以周末也不能回家。我们陪她一起吃晚饭。

饭桌上，我问她：“对妈妈去终南山这件事有什么看法吗？”

她边吃边说：“我觉得挺好的。”停顿了一下，又说：“但是你和这边的连接已经很深了，要考虑好！”

我问：“你是怕妈妈不舍得放下这些吗？”

“一半一半吧。”

但随即，她又开心地说：“我觉得真的挺好的，不能只为那些而活，开心最重要！”

是啊，亲爱的孩子，开心最重要。想到人来到这世上一遭，很多时候还不如一棵树、一株草自在，皆是因为想要更多，贪求富贵、名誉、金钱，贪求更多的爱，所以让自己越来越沉重，快乐也越来越远。

注意倾听内心的声音，不忽略它，在可能的情况下，循着内心的声音走，当对自己的认识越来越清晰后，那些就自然变得不重要了，快乐也就回来了！

山居生活方方面面

三个月后，我们在山里的小院子是这样的：它被一圈篱笆墙包围，有卧室两间，阁楼上客房一间，一个小客厅，一个小厨房，一个洗手间，屋子都不大，但功能齐全，屋顶重修了，下雨再不漏水。

我在室内，经常听到路过的人发出羡慕的赞叹声：这房子真不错啊！也有一些人专门进来，参观一圈，问附近是否还能租到类似的房子。我更是对现在的生活满足得不得了，回想不久之前的情景，现在这条件简直是天堂。

就在不久之前，这里的情景还是这样的：院子里堆满了建筑材料，到处都乱糟糟的，恰逢雨季，经常泥泞不堪，简直没有下脚的空儿。我们是边修边住，先是暂居偏房的两间屋子，收拾正房三间，偏房这两间，一间有土炕的当作卧室、餐厅和起居室，一间当作厨房、杂物间，胡大博来了，临时支个床板，还得充当卧室。做饭用的是柴火炉子，室内排烟不好，不下雨的时候，搬到院子里，锅碗瓢盆也随之搬出去，一下雨，再赶紧往回搬，这时狭小的空间更加逼仄。我经常和小五开玩笑说，幸好是两个人，不然这炉子都没法搬。

单是空间的狭小还好说，最难过的是下雨漏水。外面下大雨，里面下小雨，有一次雨下得特别大，两间小屋子居然有七处漏雨，把所有的盆盆罐罐都用来接水了，当时最庆幸的，是炕上不漏，可谓不幸中的小确幸。因为下雨，工期也被延长，这种境况持续了一个多月的时间，三间正房终于修好了！那天晚上打扫完卫生，一身的灰尘和汗水，本来准备下山找个宾馆好好洗个澡，住一晚，但一下子拥有这么多空间，我被一种巨大的幸福包围，竟一刻也不想离开。坐在空荡荡的客厅里，天黑透时，烧了点热水简单冲洗了一下，两个人在阁楼上打地铺睡了，心雀跃得仿佛要飞出胸膛。

后来，偏房及洗手间又陆续收拾了一个多月，院子里每天工人出出进进，建筑垃圾仍然到处都是，那时候最大的愿望，就是什么时候工程结束，可以清清净净地过日子。所以当这一天终于到来，有如今这样的条件，可想而知我有多么满足，这样一座山中小院，得到众人的羡慕和赞叹也多么正常。

有人说，你这又修得和原来的条件差不多，不还是过原来的日子吗？有什么意义呢？——怎么能一样呢？三个月前，当我带着满腔的热忱和希望入住这里时，可不是冲着这样的生活条件而来的，如今也只是要把它变得更加宜居，山居生活，如果没有除了房子之外的要求，住在这里，才真是失去了意义。

作为一个被现代物质文明浸润已久的人，几个月的山居生活实际体验，我认为以下生活设施是必要的：

一是一个功能俱全的洗手间，可以洗澡，可以安全地如厕；
二是冰箱，买菜不便，需要适当储存点食物；
三是衣柜，帮助收纳，使居室环境更整洁；
四是取暖设施。

其余的床啊、基本的生活用品啊，自不必说。

以上这些，我认为即可以保证简单的、相对舒适的山居生活。明明有条件，偏要忍受各种不便，苦了自己的身体，也是一种偏执。

关于安全，这也是很多人包括我的家人最关心的问题。刚来时，确实有点害怕，主要是怕黑，山里的夜晚是真黑啊，那时还没有院墙，洗漱也只能在门口的小水池那里完成，我总是在天不黑时做完这些事情。如果哪天晚了一点，且一个人，莫名的恐惧就会从心底升起，感觉要被黑夜吞没，总是草草了事，为了夜里不上厕所，从下午开始就不敢多喝水。

但大概一个月之后，这种害怕的感觉就好多了，天黑后一个人在水池边洗漱不害怕了，也敢一个人起夜了。我能感觉到，自己已被周围的环境接纳，它们释放了这样的信息：你已通过考验，欢迎你正式成为我们中的一员！当你逐渐融入周围的环境，和这里的生命熟悉并被它们接纳后，就能感受到这份善意，这时无论白天还是黑夜，只会觉得亲切和安全。

相信万物皆有灵性，当我们用最大的善意对待周围的一切时，它们也定会向我们释放最大的善意，而且你一定能够感受得到。所以人立天地之间，只管善良就好，自会得到来自天地万物的护佑。

至于是否有坏人，坏人哪里都可能存在，并不只是山里独有，出门时有安全意识，不要一个人往太深的地方走就可以了。来到这里之后，也遇到过一些不愉快的事情，但没有什么事情不可以在太阳底下解决，没有深仇大恨和宿怨，无非一点利益之争，我不争，就没事。

有蛇吗？有野兽吗？这么大的山，肯定是有的，但动物有动物的地盘，人有人的居所，双方其实互相害怕，在长期的共处中，早已默契地互不干扰。会有一些动物，比如野猪、豪猪在庄稼成熟的时候，来偷点口粮，也不是轻易就能得逞，老乡们都把自家的园子围得水泄不通，来了这么久，只听说邻居养蜂大哥家的洋芋夜里被豪猪糟蹋了，为此，他家的狗被结结实实打了一顿，大哥气它夜里为啥不叫。

我在院子里见过一次蛇，是一条小蛇，养蜂大哥说见过三次。这样的狭路相逢，吃亏的多是它们，对人并不会造成多大伤害。

所以，安全方面，我认为是没问题的。

如果你在山里有一座小院子，就等于拥有了一山的清寂；如果你爱这样的清寂，你就会如我一样，认为那些小小的不如意不过尔尔。人生至此，夫复何求！

安静下来后，我看见更多

来终南山一个多月后，有段时间连续五天做同一个梦，晚上只要一闭上眼睛，就是同样的故事发生。梦里，还是十几年前第一段婚姻里的情景，前夫在外面又有了其他的人，我隐约发现了他的欺骗，那些遮遮掩掩的电话和信息，那些飘忽不定的行踪，无不带给我极大的不安和愤怒。但仍然是不承认，于是在梦里，又是一场场的争吵和爆发。

每次醒来，都心有余悸，一身的冷汗。开始的两个晚上没有在意，这些年来，偶尔还是会做这样的梦，从梦里哭泣着醒来，可是到了第三个晚上、第四个晚上，一直这样，我就纳闷儿了，怎么会这样呢？

明明那些事情早已过去，我心里也没有记恨，现在关系也不错。等到第五个晚上还是如此时，我才意识到，其实那些情绪从没有从我的身体里离开。

这些年来，我太专注于向前走了，我把那些统统抛在脑后，以为不再去想，不回头看，那些就随着时间永远地消失和沉寂了。现在才知道，没有，它们一直都在，一直都在我身体里的某个角落，静静地待着，等着重新被看见、被承认，那些年里，它们没有得到过应有的重视。

我和前夫分开后，就投入了新生活的滚滚红尘中，每当悲伤的情绪起来，唯一做的，就是转移注意力，试图淡忘。这些年来，很少回顾过去，凭着一腔孤勇，一口气走到现在。对那些曾在我的生命里存在了那么长时间的情绪，至今，我连一句安慰和道别的话都没说过，不得不说，它们也真是倔强啊！

当第五个晚上又做了同样的梦之后，我开始真正重视起来。回到过去，我重新看见了那个崩溃抓狂的自己，那个在深夜里痛哭，愤怒却无能为力，欲去却有不舍的自己，我抱着那个受伤的自己，流着泪安慰她，是的，亲爱的自己，你受委屈了！你那么纯粹地爱一个人、相信一个人，他却一次次地欺骗你、背叛你，这的确太可恨！可是因为你还年轻，没有经历过世事的打磨，你没有分辨能力是正常的，无法控制情绪是正常的，软弱无能也是正常的。但你没有因此一蹶不振，你是那么倔强、勇敢，又是那么聪明、能干，你带着一身的伤痕走到现在，居然变得这么优秀，你多棒啊！无论对方是否承认，如今我看见你的委屈和悲伤，也看见你一路走来的不容易。不过正是那些经历，才让你拥有现在的幸福啊！

如果不是经历过感情的痛，怎有后来的分辨能力，又怎能遇到现在的爱人？如果不是因为离婚，又怎能真正为自己而活，开启理想的人生？如果不是遭受过那些磨难，又怎有现在的坚强和勇敢？所以，一切都是最好的安排，能有今天，少一步都不行呢！

当我这样回到过去，像一位知己，和过去的自己促膝长谈后，终于感觉好了很多。是的，一切都是最好的安排，唯有感恩，感恩所有的遇见。曾经还想找个时间，和前夫好好聊聊，时隔多年，双方都已成长，我想应该可以坐下来真正面对那些事情了，那时还是想让他承认，让他认识到曾经对我造成的伤害。可是当重新看见这些之后，觉得没必要了，我从心底接纳了一切。

那段时间，我重新看见自己过去被忽视的许多方面，每一次的情绪低落，都让我离自己又近一步，用这种方式，我和过去的很多遗憾都做了和解。我一直很怕水，从不敢让脸接触水面，现在知道，是因为小时候的一次落水经历，从婴儿车里一头扎进旁边满满一桶水里，我妈晚去一会儿我可能就没命了；一遇到下雨天就情绪低落，莫名的难过，现在知道，是由于在老园子时的一个下雨天引起，那时我一个人，那个阴雨绵绵的天气里，我孤寂到以为整个世界把我遗忘了；有一次梦见女儿青春期叛逆，逃学打架，一头黄发，衣着怪异，举止荒诞，又生气又心疼，哭着醒来后，我知道是因为心里对女儿始终有亏欠和担心，她读初中的后两年，我太忙了，对她关心不够。

那些成长路上受过的伤，以为早已愈合，随风飘散，其实一直都在身体里，结结实实地存在着。何曾真正地完整过呢！而这些年来，行色匆匆，脚步不停，从来没有多花一点时间去正视过这些。

终南山的生活安安静静，让我紧绷的神经终于松弛下来，安静和松弛下来后，我有幸认识到这些。同时我也认识到，真正能疗愈自己的只有自己，时间不会让伤口自然愈合，唯有在生活里不断进取，活出最好的自己，有一天回头，才会发现，所有的经历真的都是财富，才会真正原谅过去的一切，从而发自内心地感恩，自然而然地放下。

和自己的三次相遇

万事万物都是自己的一面镜子，我们于一切之上，看见的都是自己的投影，外面没有别人，只有自己。来终南山前后的短短半年时间里，我有三次，直接和自己相遇的经历，每一次，都猝不及防地泪流满面，欣喜，激动，委屈，多种情感交织。

第一次，是在贵州黔东南的一条河道里。那是2024年的2月底，春节刚过，忙碌了一年的我们，过年也没有好好休息，决定给自己放一个小长假，去小五的老家贵州黔东南短暂地旅行。

路过一条河道的时候，我被那里的油菜花吸引，此时虽然立春已过，北方仍然被寒冷封锁，树木不见一丝绿意，这里的春天却提前到来了。河道里河水并不宽广，只有一脉细流，在宽阔的河床上蜿蜒前行。水质清澈，波光粼粼，河道两边是大片的油菜花田，还有一片片的小菜园。我在园中的小路上走着，看着眼前明亮的阳光，阳光下映在泥土小路上的篱笆墙的影子、金黄的油菜花、花中翩翩飞舞的蝴蝶，以及绿油油的蔬菜，无声无息，四周寂无一人，这样祥和、宁静，像是另一个世界。不，这就是我心里的那个世界，我心里的那个自己就是这样的，在那一刻，我清晰地看见了它的模样，可是我却深陷尘网，把自己弄丢了，一股强烈的委屈的情绪充溢心间，使我忍不住鼻子发酸，泪流满面。

第二次，就是在第一眼看到终南山的模样时，这个在前面的章节里已有提到。后来很长一段时间，每次到山外，从外面再次看到终南山的山脉时，仍然有这样的感觉。再后来，就是满足和感恩。

第三次，是来终南山不久后，在一片松林里。那天我们本来要到上面的终南草堂和朝阳洞看看，走着走着迷路了，所过之路野草葳蕤，不像有人常走的样子，然后，不知怎么的，穿过一条狭窄的小路，突然到达一片松林中。那里的松树高大、茂盛，针叶密密地遮住了头顶的天空，林中特别幽静，那条进来的小路，仿佛一条时光隧道，一下子把我带进了一个熟悉的梦境中。觉得一切都很熟悉，一切都没有变，高大的松树、斑驳的树影、清亮的鸟鸣声、低矮的灌木丛，以及那些不知名的小花小草，都还是原来的模样。似乎这里没有时间，我仿佛记起，我就是从这里离开的，不知道为了什么，离开了这么久，经历了这么多事情，那一刻，我委屈地像个孩子，痛哭了一场。如果我不离开，我和它们一定是一样的，完整无缺，不增不减，没有年龄，既是婴儿，也是老者，现在我回来了，带着满身的疲惫，我想我再也不会离开了！

在我从前的生活里，从没有过这样的经历，虽然我经常会因人世间很多美好的事物感动到热泪盈眶，但都不像这几次那样，直击心灵。正是在这样的一次次遇见里，我越来越清晰地看见自己，终于明白为什么一切貌似那么圆满，我仍然时常痛苦，因为这么久以来，我都没有做回真正的自己。真正的自己就像我看见的那个世界，是宁静的、祥和的、空寂的、完整的，那里没有别人，只有我自己，独立天地之间，与自然为伴，我是山石，是草木，是虫鸟，是它们中的任意一员，我可以不说话，却和万物无一不连接，我是它们，它们也是我。我也没有年龄，没有时间，一切都是最初的样子，混沌未开，浑然天成。

我也终于明白，当一个人不能做回真正的自己，无论把她放在怎样的环境里，给她怎样的人间幸福，她都不会快乐。身体在此处，心灵却在远行，唯有听从心灵的召唤，去和内在的那个自己实现合一，身心才能得到真正的安宁。所以，一定不要忽视那些突如其来的感动和泪水吧，很可能，那泪水里蕴藏的，正是最初的自己，我们在一切事物上的熟悉感，莫不是那个内在的自己在殷殷召唤。

回去吧，回到熟悉的地方，回到来处，让尘归尘、土归土，让心回家，不再流浪。无论拥有多少财富，无论有什么样的声名地位，如果不能让心回家，我们始终都是不幸的，不过是这人间的一枚碌碌棋子。黄粱一梦终须醒，镜花水月一场空，有什么意义呢！

而哪怕做一天的自己，为自己而活哪怕一天，这漫长的一生，也值了。因为这一刻足以点亮一生，让我们明白来此的意义，总算没有白活一回。

一次“逃离”，让我终于看见了自己的模样

有一段时间，山里总是下雨，三天一大场，两天一小场，一下雨，我们的生活就非常不便。那时候正在收拾房子，我和小五暂时住在两间偏房里，不下雨的时候还好，阳光洒满院子，满院的建筑材料也不觉得那么凌乱了。我们把做饭的用具搬到院子里，清晨大山醒来，在一片鸟鸣声中，简单煮个粥，就是早餐，心满意足。但一下雨就有点难过了，屋子里的空间本来就狭小，再在里面做饭吃饭，转个身都困难。

伴随下雨而来的，是湿寒。山外正是一年中最热的时候，但在山里，我们却需要生火驱寒，寒冷伴着潮湿，炕三天烧一次，烧后

的第一个晚上，被褥潮热，睡在上面像烙煎饼，还很燥，常常半夜睡不着。第二个晚上好很多。第三天，如果天气持续不晴，又开始有点潮了，第四天，就得再烧。如此往复。

多数情况下我感觉都很好，精神上的满足，弥补了生活上的艰苦，觉得在这样一座清净的大山里，困了有张炕，饿了能做饭，已经很幸福，别的不多求。况且房子正在修，总有收拾好的那一天，一切都充满希望。

但有一次，连续下雨，屋里漏得厉害，冒雨进进出出到门口洗菜，取水做饭，两脚泥，屋里除了一张炕勉强还算干净，其余到处都是泥巴。当有一刻我和小五碰面，却只能侧身而过时，我突然对这苦日子失去了耐心，两眼含泪，说我要回家。

胡大博也在家殷殷召唤，他和女儿来了几天，我们在另一间房里临时支了个床板，将就了几天。后来，女儿被虫子叮咬得肿了半张脸，胡大博也因水土不服，整天头晕脑胀、蓬头垢面，挺精神的人，几天下来完全变了模样。走时说好不等房子修好，暂不再来。但胡大博一个人，有时难免感觉落寞，有一个傍晚，他发来信息，说正在我们常走的那条路上走啊走，觉得好孤独，我看了之后，心里异常难受，泪水一下子湿了眼眶，如果不是天色已晚，出山不便，当时就想买票回家。

我给他发信息，说要回家，他说看了之后眼泪都要掉下来了，仿佛我是一只高飞的鸟，如今终于想起了家，而他，随时张开温暖的怀抱等着我。在那一刻，我想念家的温暖和舒适，想念那一张张温暖可亲的脸，还有满园子的花草和小动物们。

于是，立刻收拾行囊，装修的事情，简单交代了一下，随工人怎么做吧，我要回家。这是自来终南山以来，唯一的一次因为感觉太苦而离开，说走就走，匆忙而坚定，像是逃离。

六个多小时的车程，一路不停，天擦黑时到家，弟弟已在他家的凉亭下准备了一桌子美食。亲人团聚，把酒言欢，院子里花木扶疏、流水淙淙，狗狗们在灯光下嬉戏打闹，累了就来啃几块骨头，然后安安静静地卧在脚边。我家的室内，窗明几净，物品井然有序，空间宽敞舒适，洗个热水澡，躺在清爽干净的床铺上，空调房里，没有一丝燥热，也没有蚊虫叮咬，觉得幸福极了！

开始的那几天，我真是乐不思蜀，一点也不想回到那个乱糟糟湿漉漉的环境里去，打算在家住一段时间，等那边彻底收拾好能洗澡了再回去。胡大博也说，家里多好啊，为什么要去那里受罪？我妈则说，如果实在受不了了，就回来，家里人谁都不会说什么的，她是怕我觉得这样回来没面子，提前安慰我呢。

有那么一些时刻，我甚至真的有过动摇，怀疑那样的坚持，到底有何意义。在家的那几天，我去看了父母、孩子，女儿在郑州补课，去陪她住了两天，回家后，就是吃吃喝喝玩玩，似乎要把在山里受的苦，统统补回来。

但这样过了一个星期后，我就想回去了！想尽快回到山里，和自己在一起，渴望清净独处，再好的条件，也无法停留。那一刻突然异常清晰，明白我必须那样生活才可以，冥冥中仿佛有一股力量在牵引着，只要不是那样，不管处于怎样的境况，都要把我拉回去。

这样的生活，十年前，在我辞工归田的那一刻，以及接下来的数年时间里，都曾经触达过，只是那时并不知道这才是真正的我，是我在这个世界上应有的模样。我只是循着内心的声音，懵懵懂懂地，到达了一片清凉之地，在那里，我和自己在一起，完全融入大自然，全身的感官畅通，整个人灵明通透、内外娟秀。

那是我迄今为止最好的状态，我后来时常怀念。总想回去，经常会幻想这样的画面：我一个人，在一间小小的屋子里，四壁空空，只有必要的生活用品，我可以一整天不说一句话，但周身每一个毛孔都是打开的，几十米外的一片树叶的飘落，都会使我惊心动魄。有时候想到这样的画面，会忍不住心酸落泪，这个画面里没有胡大博，可我们这么好，我不舍，不忍，心疼，难过。

后来看了一部电影，叫《有熊谷守一在的地方》，看完哭了好大一会儿。后来每次想起，谈起，仍然会哭，因为我在主人公身上看到了自己，那就是我，那才是我，曾经我就是那样的。什么时候才能回去呢！我委屈、心酸、难过，一次次落泪，以致在那么好的生活条件下，很多人说我抑郁了。

我明白，我只是想要靠近自己却不能。从前是精神跑得快，物质跟不上，不得不停下来去建设物质生活；而当物质有了一定的基础，精神世界却坍塌了。物质和精神仿佛平衡木的两端，哪一侧失重，都会导致生活的不平衡，都无法真正感到安宁。

那两天，我仿佛突然从一场大梦里醒来，再一次清晰地看见了自己在这个世界的模样，终于明白，在没有到达真正的自己之前，我是无法安定下来的，那才是我的彼岸。也明白了为什么我会在某些时刻，感觉到和自己相遇时，那么激动，以致热泪长流——心已经漂泊太久了！原来人生真的就是一场梦，梦醒之前，自己一直都处于混沌未开状态，一路走来，之所以会有那么多痛苦、不解，迷茫等，皆是因为还在梦中，所经历的一切，不过是在一种糊里糊涂的状态下，随波逐流，何曾做过一天自己，看似醒着，实则睡着。

在此之前，每当有人问我为什么要到终南山，我总是说，那座山多么与众不同，多么有能量，那里的蓝天多么清纯，但回去的这些天，我一点也不想念这些。我明白我只是需要那样一个地方，像从前在小木屋、在老园子一样，远离一切纷扰，我只是要借助这样一个地方，去无限接近那个久违的自己，实现和自己的合而为一。这个地方，孙窑村不可以，一切都已太满，我无力改变，而因为种种机缘，它在终南山，所以不管条件多么艰苦，我都要回到山里去。

让生命像水一样自由流动吧，在可能的情况下，循着内心的声音走，相信它终将把我们带到最适合的地方。在那里，我们就和最初的自己相遇了，那也将是我们重生的时刻！

循着内心的声音走，开始，我并不知道终点在哪里，也没有想过这个问题。只是内心的声音太响亮，不往那个方向去，我心神不宁。

最近一年来，在电影《有熊谷守一在的地方》里，在贵州一条河边的田间小路上，在终南山的山脉剪影里，在那片松林里，在从终南山的短暂“逃离”中……我越来越清晰地看见了自己的模样。但其实，在普里什文笔下的大自然中，在《动物记》里作者那一个人的清欢里，在萧红的笔下，在我读过的那些散发着泥土气息的文字里，在童年时期的那些我难以淡忘的记忆画面里，在我遇见的所有人、事、物中，我早已无数次和自己相逢，只是以前不知道。

在内心声音的驱使下，我糊里糊涂地、懵懵懂懂地走到现在，才终于明白，我要走向的，始终是厚厚封印之下的“自己”，目的是实现和自己的合一。只是它隐藏得太深了，路太艰难，即便曾经有机会到达，看一眼它的美妙，也因为因缘未到，不得不在边缘反复进退。

而山居这一年来，其实多半也还是在半醒半梦之间。当我越来越清晰地看见自己时，回顾这一切，才发觉整个过程原来竟也有明显的三个阶段。

第四部分

山居这一年

第一个阶段　生活又翻开新的一页

刚进山时，夙愿实现，很长一段时间，我都处于新鲜、兴奋和满足的状态中，人生仿佛又翻开了新的一页，看什么都是崭新的，无一处不美好，无一处不满足。在这样的状态下，我觉得看书都是多余的，根本不想看书，每天徜徉在大自然中，看山看水看风景，整个人能量满满，不思饮食，迅速瘦了 8 斤，体重恢复到了十年前，但并没有病态，反而自我感觉更精神了一些。

山居第一天

这是我们在山里的第一晚。

把所有的物资运上来，已是晚上八点多，从车里把东西全部搬下来后，最主要的任务，就是先弄个窝，晚上有地方睡觉。

觉得好满足。

夜风微凉，清润，吹在脸上，绸缎一样丝滑。一山的安宁。在这样的地方，夜晚有座房子，有灯光，有张床，有个暖和的被窝睡觉，真是幸福。

一夜酣睡，连梦也没有一个。

第二天凌晨三点半醒来，神清气爽，精神饱满。可是整座山都还没有醒来，没有一丝声音，屋子里，伸手不见五指，过了一会儿，才有一只鸟发出两串声音，像是梦呓，不过紧接着，就有其他鸟的声音响起，然后越来越多的鸟鸣声加入其中。

四点钟，山在醒来。

我把窗户打开，清晨清润的空气一拥而入，流水声，风声，鸟鸣声，组成一曲清晨的轻音乐，一起飘进来。所有的生命，都在这样的音乐声中，慢慢醒来了，欣欣然张开眼睛。

满山鸟鸣，不见其影，只闻其声，声音清脆、响亮、婉转、稠密。乌鸦在对面的山谷，像一个恶作剧的孩子，不时发出几声怪叫，似乎要显示自己的与众不同。只有几只喜鹊不时飞到院子里，站在屋顶上或门前的老杏树上，唱歌，梳理羽毛。喜鹊的叫声让我觉得很亲切，还有一丝乡愁，它让我想起小木屋，还有孙窑村，我在过去的那些岁月里，听得最多的就是喜鹊的叫声。

没想到早晨居然有点冷，在衬衣里面又加了一件T恤，还是冷，手脚是凉的，但也并不寒。整个人在这样的清凉中，深深地呼吸几口空气，感觉大山的能量源源不断地流入体内，多年来的疲倦，正在被一点点置换、清除，五脏六腑都是舒展的、鲜活的。

2024年5月27日

幸福很简单

惊喜发现，偏房的土炕居然能正常烧起来。

下午开始整理偏房，把里面陈年不用的东西统统扔出去，让室内变得宽敞整洁一点。等空间清理出来后，发现有炕洞，柴火点燃后，室内潮气渐去，突然多了几分暖暖的烟火气。一个多小时后，炕也热起来。

打算今晚先搬到这屋里来住。主卧潮湿，后半夜更明显，开始整理房间之前，去上面溜达一会儿，站在高处，能看到云雾在我们的院子里徘徊，窗户无法关严实，室内湿气很大。

现在突然感受到这份干燥和温暖，特别惊喜。

上面的邻居养蜂大哥帮忙收拾屋子，有些东西太重，我和小五搬不动。起初他不要钱，但人情比钱更重，他说那就给个三四十元吧。我们给了四十元。

见我们今晚就要搬到这屋来住，他连说不能。说炕会蒸发水汽，现在铺床，水汽就浸到了被褥里，今晚会很难过。

但我俩被这一屋子的温暖和烟火气弄得兴奋异常，一刻也不想在正房待。天黑透后，就先把被褥抱了进来，摸了好几次炕，都热热的，也挺干燥，就忍不住把床铺了起来。

等铺好不大一会儿，大哥的话就应验了。真的有水汽，褥子又热又潮，人躺在上面，睡衣也很快湿湿的，根本无法入睡。

睡不了，那就不睡。写写东西，看看书，两个人聊聊天，也能把这长夜打发。反正室内不冷，第二天也没有什么重要的事情等着去做。

我们还在烧炕时，胡大博发来信息，问在干吗，我拍了视频给他看。他说，不管咋样还是感觉心疼。

我说我感觉到了前所未有的安宁和喜悦。心灵上的富足才是真正的富足，如果心灵匮乏，即便华屋锦服，也不会快乐。

炕越来越潮湿，十点钟，困意袭来。当即决定，还回主卧暂住。随便另外铺了两床被褥。

想睡觉时，有个窝，不潮，就是幸福。

2024 年 5 月 28 日

用水问题

写下这四个字，我立刻意识到不妥，在这里，用水怎么是问题呢？到处是水声，到处有山泉水。之所以这样写，还是因为惯性吧，凡是不能及时看见、立刻有结果的，都把它视为问题。

刚租下这个院子时，我首先查看了一下水源，门前有一弯细流，流水走到门口，在低洼处积了一小潭水。问了养蜂大哥，这水可以直接吃，他就是直接引这个水到家的。

那么水源不成问题。

但这个院子还没有引水到家，直接从这个小水潭里舀水喝，我心里一时还不能接受。所以来之前，我一直把用水当作一个问题，带了一箱矿泉水，六大桶，以解燃眉之急。

但这两天发现，完全不用，用水真的完全不是问题。

我先是试着在门前的小水潭里洗脸刷牙，尽管因为底部的泥沙，起水时水色有点淡黄，但水味是真好！甘甜、清冽，用这水洗脸，皮肤爽滑，美妙无比。然后用它洗菜、洗水果，洗出来的菜叶和水果，颜色仿佛活了一样。

但当我放下戒心，正准备用它做饭时，突然看到这样一幕：一只狗，跳进了这个小水潭里，正在泡澡，动作那么娴熟自然，看来这是它经常性的行为。

自从看到这一幕后，我的感觉就不好了，尽管水一直在流，眼前的水每一刻都不重复，总感觉不再那么洁净，拒绝再用它刷牙洗脸洗菜，做饭就更不用提了。但焉知不是因祸得福呢？正因为不满意，才又留意找，往上走一点点，邻居养蜂大哥用水管从更高处接引的山泉水，日夜不息，哗哗流淌，水质更加清澈，简直不要太好！

只需要多走几步路就行了。

昨晚和今晨，我们都用它洗漱，同样的甘甜和清冽外，又多了一份洁净。相比之下，立刻觉得带来的矿泉水不香了！

2024 年 5 月 28 日

山里的邻居

这是我们来到终南山的第四天，觉得时间仿佛已经过去四年那么久。这天下雨，上午看了云海，下午两点多，突然觉得想喝酒，热了一个剩菜，吃什么不重要，就是想喝酒。

外面雨在下，空气湿寒，室内暖融融的，上午又烧了炕，一屋子的暖气。酒喝了两杯，有一点点晕，听到外面有动静，来了一个老太太，拿了一大捆香椿、一袋生菜，还抱着一盆花。

真是太意外和惊喜了！

这个七十二岁的送花阿姨，说香椿是她一早从山上采的，花是自己种的金银花，她把枝条盘了起来，看不见枝条只见花，金银花中间，插了一朵大红色的月季花，周围又用红豆杉的枝叶点缀了一圈儿，起初我竟没认出是什么花。我们邀请她一起喝酒，她说不了，刚吃过饭，坐在床边上和我们聊天，说改天过来给我们讲讲《道德经》，她还会唱快板、唱黄梅戏。

临走，她说花送给我们，香椿给 10 块钱吧。嗯，真好！正好有现金，我去拿了 20 元，都给了阿姨，我说在这里买菜不方便，改天去您地里再买一点。

阿姨说等天晴后来帮我们种菜，把门前这一片菜地开垦出来。我说您这么大年龄了，还干得动吗？她说能，没问题。

这位阿姨我们昨天刚见过。我们去上面玩，溜达到她家的院子里，她正在侍弄烟叶苗。小五问您抽烟吗？她说抽烟，没钱买烟，就自己种点。

我们约好过两天天好了，一起来种菜。

2024 年 5 月 29 日

天晴了，洗衣服

天晴了，太阳出来了，阳光又干净又耀眼，风也完全止息，云开雾散，大山重新清晰地出现在眼前。头顶蓝天清纯，白云如絮如缕，有的厚如洁白的棉花垛，有的薄似轻烟缕缕。

连续两天的风，一天的雨，今天太阳一出来，满院阳光，树影婆娑，直想唱歌。“太阳出来我爬山坡，爬到山顶我想唱歌……”自然而然地，唱的这首歌，但我今天没心情去爬山坡，得洗衣服。

这是来到山里的第五天了，因为用水不便，天气也不好，换下来的衣服一直没洗。早上我先是烧水洗了头发，距上次洗头发，过去了六天时间，上次来终南山找院子，也是六天没洗头，并没觉得特别难受。我觉得在这里以后可以形成规律，头发五六天洗一次即可。

小五的手指头昨天搬家具弄伤了，不能见水，我俩的衣服积了一大袋。我拿了四个盆，搬了把椅子，背对着太阳，坐在养蜂大哥家门前的水管前洗。他招呼用他的洗衣机，我觉得手洗也挺好，心里也在想，要不要买个洗衣机用呢？

手洗衣服有一种解压的感觉，看着一件件衣服在自己的劳动下，变得干干净净，心里也空空明明，一念不生，眼里心里，只有这些衣服。山泉水清冽、微凉，可濯我衣，可涤我心，衣净了，心也静了。花一个多小时洗完，后背被太阳晒得微热，腰有点疼，心里很满足，有成就感。

大哥家屋檐下堆了好几堆木柴，我们想买一点，就问其中的一堆硬木需要多少钱。这两天烧炕，发现以后需要大量木柴，不仅冬天烧炕取暖用，现在大夏天的，为了驱走湿寒也要用。原房主留下一些，远远不够。

大哥说那些需要一千元。比我预想的贵了许多，在村里时，冬天买烧壁炉用的柴火，一机动三轮车也就三四百元。

大哥说得一千元，不信你到冬天找个人帮忙砍柴试试，一天根本砍不了多少，很费劲。这是一堆粗一点的硬木，他去年冬天砍的，已干透，烟少，耐烧，适合烧炕，另外一侧屋墙边他还有一堆细一点的，可以做饭用，如果我们也要卖，一千四百元。

我粗略一算，这一年的柴火钱可算大开支，得好几千元。终南山十月份开始正式进入冬季，届时山寒水瘦，白雪飘零，听说最低温零下二十多摄氏度，一直持续到来年二月才冰雪消融，大地渐渐回春，这样漫长且寒冷的时间里，柴火必须备足。前天去上面玩，看到家家屋檐下，都整整齐齐地码放着木柴，看来在这里，木柴和粮食蔬菜一样重要。

早上用砂锅熬了一锅粥，洗衣回来，喝了一碗粥，配两块豆腐乳，心满意足。这些天感觉又瘦了，一天只吃中午一顿饭，有时像这样额外喝碗粥，不觉得饿，饿也不想吃，饿的时候似乎吸两口空气就可以，空气里能量满满。人在精神状态良好、心里满足的时候，是不需要吃多少饭的，像我现在这样，所需能量，大山、溪流、草木、云海等皆可提供。

从家里来的时候带了两大袋蔬菜，刚才择菜，好多坏掉了。养蜂大哥和送花阿姨昨天各送了一小袋生菜，都是他们自己种的，我洗衣服时，大哥还问菜吃完了吗，吃完了来拔啊，他说不及时吃，就抽薹了，长老了。

没想到山里蔬菜并不愁。

把所有的蔬菜都择了出来，打算中午全部炒了吃掉。下山不便，买菜不易，格外珍惜食物！

2024 年 5 月 30 日

妈妈说的“正能量”的事情

我妈一早发来信息，小心翼翼地劝说我，如果在这里熬不下去了，就回去吧，不会有一个人埋怨，说你看那水，狗也在里面扑腾，家里宽房大院的，收拾那么好，事业也做得那么好，干吗去受那罪啊！我妈说我走后，我爸掉了几次泪了，也不敢说我，知道做的都是正能量的事情，等等。

这段话里，有两层意思：一是不理解，放着好好的日子不过，为啥来受这份罪；二是我来这里，根据他们对我的了解，不是乱来，也是做的“正能量”的事情。只是她说的这个正能量，我有点不太清晰，难道也是像很多人认为的那样，来这里是为了获取更多流量和关注，为了工作需要吗？

妈妈的这些话引起我的思考，很多人，包括不久之前的我，都认为大房子、大院子、各种便利的生活用品、舒适的生活环境等等，是幸福的保障，甚至是幸福的标志，但真正拥有这些就一定幸福吗？世间多少红尘客，真正幸福有几人？很多人物质极大丰富，几乎要什么有什么，也不缺爱，一切看起来都圆满，不是也时常感觉不到生活的乐趣吗？

从原来的生活里脱离出来之后，我才发现幸福其实很简单，饿了有饭吃，困了有地方睡觉，如此足矣！再多的山珍海味，最爱吃的还是家常便饭，再豪华的房子、再大的房间，也只是睡半张床，没有太多生活用品，就不用每天花费时间整理，做这些琐碎的家务，消耗了我们多少对生活的热情。

昨天下山一趟，回来天已黑透，走在上山的路上，一想到不远处有一座小房子等着我，打开房门，打开灯，看到那张属于自己的小床，我就感觉很幸福。满足基本生活之外的所有东西，我都觉得是累赘。

所以我们的房子里，现在除了床之外，只有房东留下来的一张桌子、一把椅子、几个小凳子、一张吃饭用的小方桌，我觉得这些家具就够了。弟妹要给我染一块桌布，起初我说好，过后觉得桌布也是多余的，桌子虽然破旧了点，但擦得干干净净，功能正常，完全可以了。

不是执意来受罪，而是不需要那么多，需要的话自然会添置。比如接下来会买根管子，引水到家；为了安全，电路也需要重新走；还有厨房，屋顶漏水，要重新修；睡觉的炕，排烟不好，烧起来熏眼睛，这个得好好整，等等。慢慢来吧，眼下一切，都不影响基本生活，都挺好。

没有过多的外物所累，我一身轻松。除了满足基本需求之外的所有时间，都属于我自己。我和热爱的东西在一起，把自己融入大自然里，去听，去看，去感受，周身每一个毛孔都是畅通的，心也是澄明清澈的，这样幸福的感觉，使我内心充满感恩。

如果可以，我连短视频也不想拍了，那些赞美、羡慕、质疑、讽刺等等，那些纷纷扰扰，于我都不重要。但，在这人世间，总还是需要承担一些东西，好在这些文字和镜头让自己心安，我也认为它们是具有“正能量”的。希望前文里我妈所说的“正能量”，也是这个意思吧！

2024年5月31日

开荒种地计划

山里又下雨了，来到这里恰好一周时间，三天下雨，两天刮风，只有两天风和日丽的天气。

一下雨，空气湿寒，好在有火炕，每隔两天烧一次炕，一次一个多小时，湿气寒气全跑光光。此刻是晚上九点多，外面雨声潇潇，室内温暖又干燥，再一次清晰感受到幸福。

下午进城一趟，买了铁锨、耙子、锄头等农具，计划亲自开垦门前的荒地。那块地曾经有人种植过，现在已不知荒废多久，长满了半人高的野草，本来准备找人帮忙把地锄一下的，觉得靠自己是一项巨大的工程。但目前周围比较熟悉的就是养蜂大哥，他基本在照顾他的蜜蜂，时间也有限，靠人不如靠自己，就想干脆自己慢慢干吧！

我对小五说，咱们自己干，每人每天两平方，当作任务，各自完成。要求深翻，把翻出的草根、碎石拣干净，再用耙子耙松，不求快，但求精，别人一两天干完，咱一天干一点，十天不就是四十平方吗？她听了欣然同意，摩拳擦掌，跃跃欲试，觉得自己可以超额完成。

现在还能种各种青菜，玉米也正是时候。只是不知道豆角、辣椒、茄子晚不晚，周围老乡们种的，苗都老高了。

如果不下雨，地不黏，明天就开始。

2024 年 6 月 1 日

山里的下雨天

早上五点多醒来，外面雨声淅沥，我在昨晚十点多入睡，睡的时候在下雨，一夜安眠，不知道这雨是否下了一夜没停。

外面有乌鸦和喜鹊扑扇翅膀的声音，它们一早又来家里觅食了。现在我们出门已经有了惦念，吃不完的食物惦记着往家带，乌鸦和喜鹊吃，锅盔也吃，对了，那只在我们门前小水潭里泡澡的狗，名叫锅盔。昨天中午正做饭时锅盔来了，我喂了它三块大饼，它吃完后就在我们院子里睡觉，俨然把这里当成第二个家的感觉。

下雨，地刨不成，到处湿漉漉的，起来也没啥事，就接着睡。这一睡，再醒来就是七点多了，这是进山以来起得最晚的一次。

起来后，先生火，把室内寒气祛一祛。这样的天气，鸟出来会打湿翅膀，虫子会把脚弄得都是泥巴，飞不高，爬不远，所以虫鸟都没怎么出来，满世界清寂，只有潇潇雨声。

只有乌鸦和喜鹊，仗着个头大，时而在雨中穿行。我洗漱好后，就把昨天下山买肉时，老板娘好心送的鸡架、鸡屁股、鸭头等碎肉拿了出去。锅盔不知道今天来不来，但乌鸦也吃肉，那天我们在院子里做饭，切肉时特意留了三块肥肉，放在桌子一角，刚买了一口大铁锅，预备开锅用，哪知一转脸，肉少了一块。我还疑惑，明明留了三块肉，怎么只有两块了？一会儿，就见一只乌鸦径直飞来，又叼着一块肉走了，最终，三块肉都归了它。

我把那些碎肉刚放在院子里一会儿，喜鹊先来了。喜鹊都是三五成群，组成一个小队伍，常来我们这里觅食的喜鹊有五只，不过它们似乎对肉不感兴趣，看看就走了。

然后乌鸦来了。看到这么多肉，它一定高兴坏了！鸟的天性，总不敢专心吃，它先是狼吞虎咽地吃了几口，然后用嘴叼了一块，又叼一块，直到把嘴塞得满满的，飞走了。

它第二次再来的时候，肉不多了，只剩下了骨头，它很会啃骨头，爪按嘴撕，很利索。但当它刚把一块骨头放在一边，去取第二块时，不承想被一只伺机良久的喜鹊抢走了，乌鸦这时如果不是嘴里叼着肉，一定气得大骂。

云雾越升越高，越来越浓，我们的院子，也渐渐氤氲在云雾中。我们把房门关上，不让云雾进到室内，守着一炉柴火，看书，写字。

刚写几个字，就听到外面有脚步声，开门，是上次送花的阿姨来了。这次它同样提了一大捆香椿，还拿了两个苹果、一个甜瓜，带了一条狗，狗一来，就把乌鸦剩下的那点骨头迅速吃得干干净净。

阿姨说香椿是她一早五点多上山采来的，衣服都打湿了，随便给点儿钱吧！她不用微信，我们也没有零钱，拿了一百块现金给她，告诉她，以后不用送了，需要菜我们去她菜园里摘，吃多少摘多少，不然吃不完也浪费。

我问阿姨现在种豆角和辣椒晚吗？她说还不晚，苗要买壮实一点儿的，先赶紧整地，入伏之后好种大青菜，种得早了也不行，容易生虫，起苔。

她说的大青菜具体是什么菜我不知道。这阿姨很有意思，她会随口给花草取名字，上次到她家，她指着一丛鸢尾说这是太阳花，一株牡丹，说它是山丹丹，说这都是她种的，长得多好啊，她很喜欢。我诧异地说阿姨那不是牡丹吗？她笑了，说阿姨也不认得。

我就明白了，她是把知道的几种花草名字，随便给了她种的花。花草本来叫什么不重要，她自己能分辨就行。

我们说话时，那只狗站在门口向里张望，阿姨说它叫遥遥，并说，她给狗也编了一段词。我说那唱一段吧，阿姨就开始唱，先是用普通话，然后用方言，唱了两遍。一个住在大山里，仅上过两年学的七十二岁的老太太，能自编自唱出这样的词，真是太棒了！遂请她逐句逐字念了一遍，我听录如下：

把鸡说过切莫谈，再把义犬表一番。
虽然吃人两碗饭，白日守护夜不眠。
若有强贼把夜行，来到你家偷银钱。
前院叫来后院唤，惊动主人把灯燃。
吼得贼人掉了胆，急忙逃去再不还。
犬见主人把头点，巍巍颤颤到眼前。
摆摆尾巴把尾卷，并无亲女胜亲男。

阿姨说编这样的词，一要押韵，二要连句，三还得结合实际。

我们由衷赞叹。

阿姨抽烟，我们想着应该也喝酒，拿了酒，把昨天买的肉拿出来，请阿姨喝酒。这雨天，这炉火，这歌声，适合有酒。我们喝酒，唱歌，吃肉，那只叫遥遥的狗闻到肉味儿，口水直流，它是一位道长养的狗，道长不吃肉，所以这狗估计平时也少有肉吃。

今天，它在我们这里好像过了个年。

山里的雨天因为阿姨的到来，清寂里平添了几分热闹的感觉。无论是清寂，还是热闹，我都觉得不错。

2024 年 6 月 2 日

亲自翻地计划被搁置

雨停了一天，又开始下。我们的翻地计划一直没机会实施。

这有两个原因。一是因为下雨，地下透了，太黏，没法干活，也会弄两脚泥，在网上买了雨鞋，还没到货；二是昨天上午送花阿姨来了，她拿着锄头和镰刀，亲自来帮我们整地了。

不好拒绝，因为阿姨自认为有力气，而且我们知道她需要钱。第一次和阿姨见面，她在照顾烟叶苗，小五递了一支烟，她就说没钱买烟，自己种点。有一次我们向她咨询买柴火的事儿，她说她的邻居前不久不在了，是个五保户，无儿无女，有一堆柴火，回头帮我们打电话问一下他的侄子是否卖，她说，没钱交电话费，到时候要用我们的手机打。

两次见面，阿姨都提到没钱，所以当她提出要帮我们种菜时，我们欣然同意。这样阿姨就有机会挣点钱。

但有一个难题，就是这门前屋后的地，到底能不能随便种？原以为都已经撂荒了，长满了草，谁愿意种谁种，况且养蜂大哥也说了，这周围好几块地，都是房东原本种的，只不过现在好几年不种，地荒了。

但昨天上午来了一个人，见我们的车停在院前空地上，说这里不能停车，这是他们的地，这山上的地，目前都被他们承包了。那如果是这样，这地不管怎么荒，应该也不能随便种植吧！

所以见阿姨拿着锄头镰刀来了，我首先问她："这地能随便种吗？听说都被承包了？"阿姨显然也没想到。当时养蜂大哥正在一旁帮我们走水管，大哥说这地房东一直种着呢，让给房东打个电话问问。

我本想把地的归属问题落实好再说，但阿姨说无妨，这地荒着也是荒着，到时候他们要，随时给就完了，地永远是他们的。我觉得应该也是，就说那好，先干吧！

地里长满半人高的野草，阿姨说，她把门前这块地和院前方那块一起整理好，草割掉，地深翻，耧好，300 元。她说："你放心，阿姨一定把地给你们收拾得舒舒服服的，把草根都捡走，你们中午多做一碗饭，阿姨中午就不回去吃饭了，紧着把地收拾好。"

见我有一丝犹豫，她立刻又说："阿姨吃饭不多，一碗饭，半碗也行。"

我哪里是因为怕她吃饭啊！我的那一丝犹豫，主要是因为我们现在吃饭时间完全不正常，不饿不吃，饿了才吃，中午吃饭一般都到下午两三点了，一天有时两顿，有时一顿。阿姨要在这里吃午饭，意味着我们不饿也得做。

但，这也不是问题。我愉快地答应了。

最终，我和小五商量，只让她整理门前这一块地，怜她年老，怕累出问题。为了让她心安，我们说只整这一块地，把菜苗种子也种到地里，价格不变，还是 300 元。

昨天她一直干到傍晚。中午我煮了面条，她吃了饭，稍微休息一会儿，又接着去干了。昨天主要是割草，到傍晚收工时，大概二分地，还剩几平方没割完。

七十多岁的老人了，真能干啊！

她说如果今天不下雨，一早就过来接着干的，今天又下雨了。我本打算上午和她一起割草翻地，下雨，这计划也搁置。有点儿冷，烧了炕，烧得暖暖和和的，坐在炕上，伴着雨声写字，读书。

2024 年 6 月 4 日

胡大博第一次来山里

回家两天，带点生活用品，带了点厚衣服，这次，把胡大博也带来了。

来之前，我向胡大博描述终南山的美，我说，那里的天空是真正的天空，无论任何时候看，都干净，清纯；还有，院子对面的山，气象万千，每次看都如初见。然后我问他，期待吗？

他说，挺期待的！

来的时候，他还带了健身器材，说要在山里好好健身。并说有信心，能在这里长住下去。

上午十点出发，到达峪口时，已是下午四点多。峪口封闭，一时进不去，联系相熟的司机，问是否能出来接人拉货，他说他喝酒了，没法开车，但可以帮我们叫人来接。

等人的过程中，我前几天买的芦苇帘子到了，两米宽的帘子，买了 60 米，三大捆。当送货司机联系我的时候，觉得真是天助我也！这样就可以连人带货，一起拉进去。

不一会儿，来了一辆皮卡。这次来，我们三人，开了两辆车，其中一辆装满了物资，而且没有打包，很零碎。一件一件取出来，装上皮卡，车斗很快装满了，为防止路上物品洒落，小五执意坐在后面斗里看着。

开车的司机就是住在峪里面的老乡，仗着路熟悉，把车开得飞快，有时对面来车，两辆车交会时，离得很近，忽一下过去，看得人心惊胆战。掉了两次书，停车捡了两次。

到我们住的西翠花山口时，又得换车，换成他的三轮车，才能继续把物资运上去。

徒步上山。这条小路我已走过许多次，胡大博第一次走，此时已是傍晚，夕阳打在一侧的山体上，像涂了一层金光，耳旁水声潺潺，树上好鸟相鸣，空气清新得直灌肺腑，我问胡大博："美吧？"

他说，美！

拐过第十个弯，一座小院子出现在眼前，我说，看，那就是我们的家了！西翠花第一家。

“咋样？”我再次问胡大博。

他说，嗯，不错。

三轮车已到门口，我们赶紧往家卸东西。等收拾停当，夜也拉开了帷幕，大山静默，天空的蓝，静谧，高远，低头看到门前山泉水哗哗流过，洗碗洗菜的小水池清澈见底，一切的一切，都很熟悉，我们又回来了，好开心啊！

两张炕，一张在主卧，暂时不能烧，我们住；一张在偏房，能烧，小五住。胡大博两个房间看了看，指着那张能烧的炕说，他要睡这里！说大房间他感觉不舒服，这屋子小小的，暖和，聚气，换一换。他初来乍到，本身并不喜欢这样的环境，全是因为我，所以，他像一个孩子一样任性和挑剔时，我们也允了！

被褥有点潮湿，我把炕又烧了起来。一会儿才知，坏了，炕几天没睡，又储藏了湿气，烧热后，湿气蒸腾，被褥一会儿就变得又潮又热。胡大博连连感叹：得有多热爱，才能在这样的地方待住啊！

他一会儿挑屋子，一会儿挑炕，一会儿说潮，一会儿又说热，我跟小五开玩笑，我这是带了个大麻烦来了啊！我俩都认为是自己几辈子修来的福气，才能住进这山里，享受这样的山居生活。可对于胡大博，生活上的不便，让他一时还难以适应。

他再次提出，咱回去吧，回去好好过日子！村里哪里不好啊，不都是按照你想要的打造的吗?

我一时心里也有点难过。可是我说，亲爱的，不是村里不好，也不是我多么贪恋这座大山，这次回去，收拾东西的过程中，看着熟悉的一幕一幕，我心里也有很多不舍和难过，我也认真思考过这个问题，就是为什么一定要离开。这些年忙于工作，没有太多时间照顾生活，可是当在工作中全力奔跑了这么久之后，当我想停下来，过回原来那种简单的种菜种花养鸡养鸭回归田园记录生活的日子时，发现已经不容易了！周围的人、事、物已固定，大家在这里安居乐业，都很好，如果我动，势必影响到他们，他们都是我爱的人，我不能。

可是那就像一张无形的网，把我困在其中。我没有日子了，也渐渐失去了对生活的热情，物质极大丰富的同时，我的精神也越来越苦闷，这种状况已很久，来到终南山，我终于感受到久违的喜悦和安宁。这座山真的不一样，千百年来，多人文人雅士僧侣道人奔它而来，山滋养了一代又一代人，人也滋养了这座山，我真的很喜欢这里，不想回去了！

后半辈子还长着呢，在可能的情况下，我们每个人，都要按照自己想要的方式生活，这样的人生才有意义，才不辜负来这世上走一遭。可是，该如何平衡感情和生活呢？回去，我像困在网中的飞虫、搁浅在沙滩上的鱼，身心束缚，心灵干渴；可是胡大博在这里，他不适应，不开心。

这一晚，我们在彼此的郁闷中入睡。潮热的被褥，辗转反侧，很难入睡。

睡前我对他说，你试一下，先暂定三天。三天后如果还不适应，要不要回去，都由你吧！

他说好！

2024年6月8日

胡大博在山里的第二天

清晨，山醒来，我们也随之醒来。尽管昨夜入睡时有点沉重，但睡着后，能量又在恢复，胡大博也鼾声均匀。

是一个大晴天。我，胡大博，小五，每个人都神清气爽、心情愉悦，仿佛昨晚因胡大博不适应新环境带来的惆怅不曾有过。

他俩商量着去砍篱笆桩，我煮早餐。计划院子的篱笆自己动手扎，没有木桩，自己动手去砍，每人每天最少五根，多者不限，能者多劳，另外，需把自己的五根桩扎好，才算完工。此方案一经提出，立刻全体通过。

我对小五说，咱们先做饭嘛，做了饭，吃完饭，一起去砍柴。她说不，她就想趁太阳还没出来，不晒，早早去，她喜欢干这活儿。胡大博也摩拳擦掌，提了把柴刀，就出发了。

谁知不一会儿，我饭才煮到一半，俩人就回来了，提了一根手腕粗的干树枝，往门口一撂，说树不能随便砍，枯树没几棵，要砍够扎篱笆用的木桩，很难！胡大博说，还是找人买吧，这个现实点。

屋门冲着路，没个院墙，来来往往的人，一览无余，他俩都认为赶紧弄个院墙很重要。

我倒是有点无所谓。没有院墙，大山就在眼前，我们和山无缝衔接，院子就是大山的一部分，这感觉很好。可是的确，路过的人顺脚就跨了进来，像一个公共场所，也不好。

那就买点木桩，把院墙赶紧拉起来吧！

早饭后，胡大博要直播。来到山里，他说得让他工作，不然太无聊了，只要让他直播，在哪里都行，还问，我在这里直播你会不会烦？我说不会的，你做你想做的，我做我想做的，我不想播，你也别期待我。他说那是自然。

但第一次在终南山直播，我知道大家有各种各样的疑问，也去直播间聊了一会儿。问得最多的，还是那个问题，就是你为什么来这里，“我的田园”不是挺好的吗？

我聊了一会儿，心里惦记着今天的文字，自从来到终南山，又开始每天写文字，在每天的清晨和上午，心里有很多东西想表达，是水满则溢的状态。我对他俩说你们聊吧，我去后面山上静静心，写东西。

可是，山很静，流水淙淙，鸟鸣幽幽，我的神经却停留在刚才在直播间里的兴奋状态，难以平静下来。思维混乱，笔下生涩，石头越坐越凉，干脆起身回家，想着到家，再把余下的写完。

到家，有父女两人坐在院子里，没想到是多年粉丝，就住在西翠花入口处几十米远，离得这么近，妥妥的邻居！那位父亲说，他关注我多年，从老园子时开始，一路到今天，特别理解我现在的选择，因为他也有类似的经历。他是一名中医，曾在城里有不俗的成绩，但也听从了内心的声音，来到山里，一边继续行医，一边清清静静过日子。来山里好些年了，不喜交往，关注我多年，如今知道我来到了这里，很欣喜，趁女儿周末在家，犹豫再三，还是一起来了。他说，我是他在这山里主动拜访的第一人。

很荣幸！

快中午了，我们做饭，邀他们一起吃饭。山里时光悠长，有志趣相投之人，偶尔小坐，也是乐事。他说终南山的冬天虽然冷，但最值得期待，这里经常下雪，动辄一尺多深，大雪封门，那种静谧，让人感动。闻言，我也更加神往。

他姓张，我们称他张医生，他本是内蒙古汉子，酒量自然不错。一起喝酒，不知不觉，都有点熏熏欲醉，胡大博开心地说，山里同样有人喝酒，有人聊天，并不寂寞，挺好，不回去了！

酒喝到日斜，在西山头摇摇欲坠，女儿扶着父亲，一路下山去。胡大博睡了一大觉，很沉很沉的觉，鼾声如雷，等醒来，天已擦黑。

一起出去走走吧，山风吹酒醒，微凉。下到山底，坐在溪水旁，流水声震耳欲聋，满世界只剩下哗哗水声。有一刻，看着对面山头上的树，枝叶随风摇摆，想到“树欲静而风不止”这句话，树欲静，其实只是人的思维，树哪有所谓静不静，它站在那里，风往东吹，它就往东，风往西吹，它就往西，风停，它重新站直。它没有思维，没有期待，一切都随顺当下，所以树看起来永远都自在、年轻，能活千百年以上。千百年以上的树，每到春天，也依然焕发新芽，活力满满。

向树学习，向大自然学习，不想那么多，随顺当下。一切顺其自然吧！

2024 年 6 月 9 日

第三天，他走了！

胡大博走啦！来之前，他计划在这里长住一段时间，具体多久，没有设定，来之后，说先体验三天再说。谁知三天不到，就要走了。

他走，我有一些不舍，也有一些失落，环境再不堪，总归我还在这里吧，看来现阶段，我也不是他最重要的了。但他走后，我也切实感觉到一丝轻松，明知他不习惯，如果为我一直停留，也会让我有一点压力，会让我想要尽力照顾好他，这样我的挂碍就多了一层。

他没来之前，我和小五是饿了才做饭，不饿不做，谁先饿谁操持做，都很自在。他来了之后，早上一起床，我得先做早餐，而且有粥有菜，中午同样如此。他一走，突然不需要这样了，轻松很多。

今天是“6·18 活动”的第一天，胡大博想好好卖货，我帮他把场地收拾好，吃过饭后，就离开了。他和小五在家直播，我想去下面的山涧旁坐着，伴着水声，写东西。

十一点多，写字告一段落，石头很凉、很硬，坐着也难受，就慢悠悠起身回家。到家，直播已停，有包工头和工人在，正商量如何整修房屋。

我问胡大博，怎么下播这么早呢？本计划是播到十二点的。

他说，也刚下。

过了一会儿，他又说，老伴儿，我下午要走了。

我说，哦，好呀！

他这个决定，既让我意外，也有点预料之中。意外的是，三天都没撑过，但根据我对他的了解，这也再正常不过。

胡大博是一个特别注重自我感受的人，这点我俩很像。我觉得这很好，注重自我的感受，才会更好地理解和尊重他人的感受。理解万岁！

所以，我选择留在这里，他虽然伤感，但理解、尊重、包容；他要走，我虽然不舍和失落，也理解、尊重。两个人在一起，并不是一定要时时在一起才是圆满，让彼此都成为更好的自己，在这个基础上再妥协和让步，才更有意义。否则，任何一方的迁就，都会是一种委曲求全，时间久了，都会导致关系的不平衡，都会有缺失。

在可能的条件下，先实现自我的圆满，当你不需要他人来完善自己时，则任何一种关系都不会成为挂碍，都不会有恐惧和担忧。你在一种放松和舒适的状态下，关系中的另一方，也定是如此。

胡大博接下来解释了一句话，说工作上有件事，需要他亲自跑一趟，盖个章，另外，这几天活动日，他想好好工作，可这里气场不对，卖货总觉得格格不入，过几天活动结束，他再来。其实我都知道，不用解释。

解释，是因为他也有不舍，有牵挂，甚至有点不好意思。

没关系，亲爱的，我会经常回去，这里的环境也会慢慢改造。相处模式的改变，前期会有一个适应期，但我相信，最终一定会找到我们彼此都适应的方式，归于平稳。就像流水，遇到乱石阻碍，流速更急，声音更大，这是自然现象，最终，不都是平稳地一直向前吗?

谁也阻止不了流水一直向前，就如，谁也阻止不了相爱的人一直爱下去。只是在生命的不同阶段，我们的需求不同而已，我一直认为，最好的夫妻关系并不是长相厮守，而是相互理解，相扶相携，共同成长。

走路的过程中，有时候一个人走，才更能欣赏路上的风景；有时候两个人在一起，随时交流，也不错。只要我们一直都走在自己的路上，有一天在更高处相逢，共同再看一看这人间，定会有不同的感受。

这次从家回来，本以为阿姨已经把地种上了。还没有。地已翻好，还在晾晒，老两口每天会来干一会儿，捡捡草根，松松土。我突然觉得让一对七十多岁的老人来帮我们种地，有点不像话，虽然我的初衷是想让他们挣点钱，但真怕他们累坏了！

拿了 400 元给阿姨，告诉她，剩下的不用他们干了，我们自己也没事，慢慢干。阿姨解释，不是他们不用心，这地好几年没人种了，难整，费工夫，所以到现在还没整好。让他们多休息，可他们接过钱，还是干到很晚才回去。

剩下的，计划自己动手，每天整理出来一小块，撒上种子，再整理一小块，再撒上种子。一点一点做，累了就不干，愚公移山的方式。

生命就是一场一场的体验。种地这活儿，就是很好的体验。

2024 年 6 月 10 日

这是刚到山里前半个月的状态，这种兴奋、新鲜和满足感差不多持续了两个多月的时间。这段时间，可以说心一直在“动”中，并没有静下来，所以虽然有时候和“自己”狭路相逢，被撞醒了一点，其实仍然处于混沌中。

快到秋天时，房子终于修好了，新环境带来的兴奋和新鲜感终于慢慢减退，心也渐渐平静下来，又能够像从前那样，安安静静地生活，看见很多美好的事物了。

第二个阶段　山居生活的宁静时光

南山居午后游

午后神思倦，出门随处游。
山行六七里，不见一人影。
绿草出崖缝，青苔石壁生。
白云山头坐，涧水脚下流。
山花多烂漫，野果滋味浓。
时有飞鸟过，遗落三两声。
行行复停停，我心如明镜。
空空无一色，照见一山秋。

不速之客

天气真好，一早我坐在院子里一边抹脸，一边抬头看头顶的天空。天空湛蓝，白云朵朵，清澈，干净，悠远。两只乌鸦站在屋顶的电线绳上，仿佛入定一般，一动不动，大概和我一样，也在享受这样的好天气。

突然，那是什么？在屋门口的凳子下面，有一根笔直的绳子，一尺多长，上面还带着一圈圈的花纹，紧紧贴着墙，是一根鞋带吧？

应该是鞋带！神经稍稍放松了一点。但是，家里似乎没有这样的鞋带，而且，那里经常扫，怎么会有这样的杂物出现？

不由自主近前细看，果然，验证了我的猜想，是一条小蛇。

这一看，不仅把我吓了一跳，把它也吓得不轻，没等我走近，它就把身体紧紧地缠绕在凳子腿上，头高高举起，似乎在警告我：不要靠近哦，否则可不客气！

一般情况下，蛇是不会擅闯人居的，因为这里危险重重，弄不好就会丢掉性命。这条小蛇应该是误打误撞地，迷路了，它紧紧地贴在墙角，不知所措的样子。

小五拿了一把火钳夹子，小心翼翼地把它夹起来，小家伙不知是紧张还是被激怒了，左扭右动，然后出于本能，紧紧地缠在夹子上。小五就那样夹着它，把它送到了离家几十米远的草丛里。

希望它以后能长点记性，不要再轻易踏入人家的住所附近，它不知道，周围已经有人因为这个原因打死它的两个同伴了！

秋夜赏月

农历八月十七日，傍晚坐在院子里乘凉，云层有点厚，看了一下天气预报，第二天有雨。以为月亮不会升起来了。

前一晚，刚被月亮惊艳过，就在对面的山头，如夜明珠，如白玉盘，如诗如画，如一切你所能想象。所以今晚，早早就惦记上了。

夜幕很快降临，秋风送爽，秋虫唱起不息的夜歌，微微有点寒意。星星出来了，说明云层已被风吹散，本想进屋休息，那就再等等。

不一会儿，对面山头亮起一片光，像是一个大舞台，灯光突然亮起。我们知道演出即将开始，一阵激动。月亮是这个舞台上唯一的演员。

很快，她粉墨登场了。我们屏住呼吸，不敢大声说话，不敢随意走动，唯恐惊扰了那位仙子。不知此时，有多少人如我们一样，正举头望月，期待着这场盛大的演出。

月亮真如一位仙子，莲步轻移，袅袅婷婷，犹抱琵琶半遮面，缓缓地，缓缓地，来到舞台中央。突然，她一个亮相，光华四泄，周围的一切，顿时都黯然失色。

此时我才敢说话。但我能说什么呢，唯有赞叹罢了。

此时也才敢走动，打开院门，向着舞台的方向走去，想近距离看得更清一点。

月亮越升越高，演出渐入高潮。一片云挡住了她的脚步，但很快，她就从云朵中穿行出来。

我久久地凝视，舍不得回屋。

月上中天时，终于感觉有点意兴阑珊，四周虫声正盛，空气里有水味，露水下来了。小狗八戒打着呼噜，睡熟了。

笙歌散后酒初醒，深院月斜人静。山石，草木，虫鸟，皆已在月光下入梦，一阵困意袭来，我也回屋，很快睡着了。

深秋

蜜蜂忙采蜜，奈何花日稀。
到处不如意，凌乱秋风里。

深山访隐士

深山藏隐士，居于白云巅。
依山建茅棚，临崖支茶摊。
白天忙耕种，夜晚读书闲。
独坐无对饮，硕鼠来相伴。

进山访隐士，时令在深秋。
树树皆秋色，幽谷水长流。
石净阅风动，天空读鸟影。
行进不消半，此心即如镜。

须臾闻人语，恍如天上来。
路尽茅棚见，转角遇仙颜。
相偕至内庭，抱柴煮水开。
日高道别离，犬送山门外。

归来竞发声，音如夏虫鸣。
一种世间象，百态其中生。
白云意悠悠，流水自清清。
人生何其短，唯愿随心行。

在大雾的天气里

在这样大雾的天气里，恐怕没有多少人愿意出门吧，天虽无雨，但四顾茫茫，大雾湿衣。远远近近，山石，树木，房屋，人家，都不见了，连鸟雀也难觅踪影。午饭后云雾正盛，我本也昏昏欲睡，但还是想出去走走。这样的大雾还停留在儿时的记忆中，久违了，它让我想起小时候，那些带着鸡鸣、炊烟和柴草味道的村庄的早晨。

本也没打算走太远，就下山，沿着山涧往里走一走，但眼前的景色吸引着我不断地往前走。那些山都不一样了，只剩下一座座剪影，快要落光了叶子的树，在雾中更加清晰，枝枝分明。红的叶黄的叶，在白雾的衬托下，耀人眼目，使人忍不住一次次为它们驻足，一次次内心被激荡，发出一声声的赞叹。

美就在这里，毫无保留地呈现，谁如果在这个时间出现在这里，谁就拥有了这美，谁就是这个世界上最富有的人。这山，这水，这树，这色彩，这般意境，谁人可形诸语言，落于笔下，搬回家中，细细赏玩？没有，绝没有人有这样的水平。而只要你亲身来到这里，真正融入其中，这美就会贯穿你，成为你的一部分。这种美是大美，大开大合、大象无形、大音希声的美，它直击心灵，让人内心充满感动，仿佛被一团巨大的能量包裹着，身体和灵魂都不再是自己的。

快到路尽头时，突然感觉，也许会见到那位住山洞的师父，如果这里要有一个人，一定是像师父那样的人最合适。果然，路转溪头忽现，一人一狗，长发竹杖，彼此相见，都有意外之喜，又觉得在情理之中。

师父一人住在这路尽头的高山之巅，海拔1600米，那条上山的小路，是他用七年的时间，一步一步踩出来的，是独属于他自己的路。他常下山到这里，观水，听涛，散步，身体独行于山水之中，精神独立于天地之外，我们常来这里游玩，晴天看云，雨天看雾，雾天观山看水，其乐无穷，常和师父在此相遇，渐渐相熟。师父见了我们哈哈大笑，说，这山，果然适合你俩居住，以前这样的天气，很少见人。

他带我们往里走，那里有两处绝佳的观景点，可以方便下到水边近距离观看。在白茫茫的雾中，一幅优美的山水画卷呈现在眼前，朦胧的远山，黄的红的叶，白的水，黛青的石，水声哗哗，山林静默，只觉自己好幸运，好幸运，能看到如斯美景。

想起长久以来萦绕在心头的关于自己的一个意象，就是在这样的茫茫白雾中，天地皆不见，一条弯弯曲曲的小路，极狭窄，不知通向哪里，我孤身一人走在上面，留下的是一个背影。不知道走向哪里，仿佛走向的是茫茫一片太虚，我脚步坚定，内心充满喜悦，虽孤身一人，却毫无孤寂之感，虽不知前方具体是什么模样，但我知道，那里是灵魂的故乡，是我心心念念的地方，我要到那里去，而且我知道，只要这样走下去，就一定能到达。

眼前之景，仿佛把内心深处的那个说不清道不明的意象具象化了。此时天地是我，我是天地，我和天地融为一体，我周身的每一个毛孔，都浸润着这山林的清气，每一个细胞，都被这份大美穿透，整个人仿佛被洗涤了一遍，原来的昏昏之气，早无影无踪了。

淡蓝色的炊烟

我们一行四人出门玩，往院子的上方走。

好几天没来这边，大杨树的叶子已经落光了，只剩下光秃秃的树枝，很有些冬天的感觉。今天恰是霜降，再过半个月，就立冬了。

是下午的四点多，山里的太阳来得迟，走得早，除了山顶还有部分光亮外，大部分山体都已湮没在阴暗中，看上去那黑黝黝的大山，仿佛戴了一顶金色的暖融融的帽子。红叶明显变少，本来红得好好的，一场大风，一下子吹落大半，所以山上的颜色明显变少了。

枯色更加突出，树头更加疏朗，衬得没有一丝云彩的天空更加高远空旷。

我们爬上一块大石头，登高望远，寒树，远山，几只乌鸦在看不见的地方一直“呀呀”叫个不停。这略显单调的声音在空荡荡的山谷里久久回荡，使这个阳光不多的下午寒凉之感更浓。然后，一回头，我看到在密林深处，一缕炊烟正在袅袅升起。

那炊烟居然是淡蓝色的，跟我以前看到的炊烟都不一样，或者说跟我记忆中的炊烟都不一样。我对炊烟最深刻的记忆，还停留在小时候，儿时的小村庄里。那时候每到傍晚，都是村庄最热闹的时候，下地的大人回家了，上学的孩子也回家了，在地里耕作的牛也回家了，妈妈呼唤孩子，小牛呼唤大牛，猪在圈里哼哼，羊满足地咀嚼着刚从地里回来的主人为它们带回来的青草。这里那里，炊烟袅袅，空气里氤氲着牛粪羊粪和柴草混合的气味，那是儿时的村庄傍晚独有的气味，它浸透了我的血液，成为我身体的一部分，并随着风月的流逝化成实实在在的乡愁。我想如果乡愁有形状，那一定是炊烟的形状，如果有气味，一定是牛羊粪和柴草混合的气味。

可是那炊烟是蓝色的吗？如今我细细回想，却怎么也想不起来。眼前这淡蓝色的炊烟暖暖的，寒林一下子有了暖意，不远处的大山仿佛也热得要把帽子脱掉，只剩下一抹金色的帽檐顶在头上。

山里的夜晚来得早，那是有人在做晚饭了。我们也开始往回走，心里空空明明，映着转头时的那个画面：戴着金色帽檐的山头，暖黄色的树林，树林里，袅袅升起的淡蓝色的炊烟。

那些居住在深山的人靠什么为生

给那位居住在山巅上的师父送点物资。

家里现有的三袋大米，拿了两袋，挂面拿去三分之二，半袋粉条留下一点点，几乎全带去了，买了一件防风防雨面料的羽绒服加一条棉裤，还有一些干粮咸菜等，此外特意给师父的狗狗带了一袋狗粮。都是我认为必需的。

这是一条羊肠小道，要走差不多一个小时。一身棉衣，负重前行，不停地爬坡，上行，大家都累得气喘吁吁，一路歇了好几次。

经常有网友问，那些住在深山里的修行人靠什么为生？这就是答案之一。如我这样自愿供养的人很多，这段时间来山里的人，多是给认识的师父们送过冬物资的。常有人质疑，这样的人为社会做出了什么贡献？如果都像他们，那社会还发展吗？

社会的发展，是无数人共同合力的结果，绝不只有一种人，绝不可能人人都一样。就好比要做成一顿饭，有人负责生产做饭用的锅碗瓢勺，有人生产油盐酱醋，有人种菜，有人买菜，有人负责把饭做熟，还有人专门分享美食，通过美图、美文，愉悦我们的精神。社会正常运转，会自动分工，每个人都会在各自的因缘里，找到适合自己的角色。

不是和我们认知不一样的，就没有价值。

当更多人深陷生活的泥潭里，看不到希望和微光时，总有人活成了一道独特的风景。这些人站在那里，可能什么都不用说，什么都不做，就让人明白，原来生活不止眼前的苟且，还有诗和远方，还有希望。这希望来自我们内心对精神高度的追求，来自一部分人给我们呈现的真实的影像，它仿佛一剂清凉贴，慰藉着滚滚红尘里的滚烫的灵魂。

我们自愿呵护那些站在精神高山之巅的人，其实也是呵护那个未曾实现的自己；我把我认为最好的、必需的，自愿供养出去，其实供养的是内心深处，那个最珍贵的灵魂层面的自己。

师父非佛非道，亦佛亦道，佛道双修，无粮时，可餐风饮露，有酒肉，也吃肉喝酒，有啥缘分接啥缘分。他常说两句话，一句是：不多不少，一切刚刚好；另一句是：当下，即是所有。

到达山顶时，看到师父的帐篷由于大风被吹翻在地。他向我们描述那天的天气：大风，大雪，山风呼啸，白雪飘零，晨起，满地狼藉，仿佛世界末日，但那一刻，风停雪住，野菊花仍在盛开，山顶白雪皑皑，风花雪月，良辰美景！

如果只看到倒塌的帐篷，看到的就是生活的艰辛，但如果眼中有风花雪月，这就是天堂。那些心中有日月天地、充满光明的人，如朗月，如青松，如深潭，他自带的清气，净化着尘世的雾霾；他强大的能量，让每一个靠近的人，都犹如清风拂面般清爽、舒畅。

我们只管在自己的生活里，做小草，做小虫，喜悦着，悲伤着，感动着，满足着。但谁敢说自己不爱那高山之巅的明月和青松，不爱滚滚红尘之外的这一缕清凉呢？

到滋养自己的环境中去

在深秋，如果遇到那些天气晴好、阳光明亮的日子，就只管珍惜吧！因为接下来，这样的日子不会多了，进入冬季后，寒风、阴冷将主宰大地。

何况这段时间，正是满山色彩斑斓的时候，单是看看那些色彩，都令人心醉不已。

连续两天都是这样的好天气，于是我就连续玩了两天。

漫无目的地走，随意停留。

看山，看水，看蓝天，看白云，看触目所及的一切。无一处不美好，无一处不闲适。有时候，我的心里仿佛也矗立着一座座山，或挺拔、俊秀，或巍峨、高大；有时候，我的心里仿佛有溪水流过，变得清澈、干净；有时，眼里是色彩斑斓，心里也是；有时石缝里的一株小树映入眼帘，那一树橙黄或者火红，仿佛在心里，开出了一树灿烂的花朵。深秋的阳光、山石、树木、流水和色彩，自由地穿过我的身体，把所有思绪带走，只剩下流水潺潺、白云悠悠。

就这样走啊走，触目所及，每一处都养了眼，润了心，忘记时间，忘记饥饿，直到太阳收敛起光芒，天色暗了下来，才想起回家。往往到家，才觉出身体已经十分疲倦。

我的山居生活从今年的五月份开始，到现在恰好半年时间，过了一个完整的夏天，如今秋天也快过去了。人常说小修在深山，大修在人间，我其实从没有修行的概念，从第一眼看到终南山起我就感觉，如果能生活在这里，投入这座山的怀抱里，我就和它天然地融为一体了，为此，我曾激动得热泪盈眶，一颗疲惫的心，仿佛终于找到了归途。

于是我来了。

从前的田园生活，带着浓浓的烟火气，是那个时期的我。

现在的山居生活，安静、清寂，是现阶段的我。

是心指引着我到达这些地方。

一个人如果能真切地感受到环境就是生命，是意识，在可能的情况下，就会果断地断舍离，离开那些消耗自己的人、事、物，到滋养自己的环境中去。在滋养自己的环境里，你会发现自己变得无比广阔，变得感恩、接纳、遂顺、舒展、平静。

此刻，眼前的这一切如水一般浸透我的身心，我不再是我，我是这山，这水，这树，这白云，这色彩，是这触目所及的一切。它们是什么模样，我就是什么模样，它们是什么频率，我就是什么频率。我们共振、和谐、统一。

在这样天气晴好的日子里，万物有光，温暖而明亮。我的心也是这样。

终南山的第一场大雪

终南山的第一场大雪，来得有点突然，预报三天后才下，说来就来了。山下买的一车柴，还没来得及运上来，还有一些生活用品需要采购，心情也没有调整到迎接大雪的频道，总之有点慌乱。

但短暂的慌乱过后，就是惊喜。

雪从中午开始下，时而纷纷如细羽，时而团团似鹅毛，时大时小，竟一直下到晚上。窗外白雪飘零，室内炉火通红，有酒有肉，闲饮东窗，酒至微醺，箫声忽起，屋顶积雪闻声簌簌而下。

第二天清晨，每根篱笆墙的桩子上都戴着一顶厚厚的毛茸茸的雪帽子，院子里小鸟的餐桌上铺了一层洁白的桌布，山头白雪皑皑，一切都变得美不胜收。吃过早饭开始出门游玩，无限风光在险峰，山岭深处景更美。走在熟悉的山路上，远远看到对面山上的红叶，经过风雪的洗礼，变得更红、更艳。

哪知这一去，差点把八戒弄丢了。为了找狗，一天之内，三上南佛寺，行程六小时，累到腿软。

南佛寺位于终南山的一处半山腰处，离我们住的地方不算远，所以选择步行。一路水声潺潺、积雪如画，边走边赏，边赏边拍，但拍出来，总不尽人意。假如山色十分，手机一次只能截取某一小幅，少去周边风景的映衬，减三分；少去山底流水，减一分；手机里的画面，怎能比眼睛看到的更加生动？减一分；此外，看风景的人的心情，单从画面也无法表达，也要减去一分，所以，拍出来最多三四分。说实景为人间殊胜，实不为过。

第一次去，八戒迅速和寺里的小黄狗交上了朋友。我们返回时，小黄狗一路相送到山底，要分别了，可是八戒意犹未尽，又跟着人家回去了。

它随我们经常来这里游玩，想着应该没啥事吧，即便回来找不到我们，也不至迷路。呼唤不应，我们也玩心很盛，距此一两百米，有一处山水更妙，径去那里玩了一会儿方回。

再回来，八戒仍然不见踪影。

二上南佛寺，打听到，“那只小白狗”跟着两位游客往山上走了。

从这里往上走，大概两个小时的路程，可到达山顶的莲花洞。若一直走下去，最终可到我们住的西翠花，上山下山一条路，如果它跟人走了，不是回家了，就是回到这里和我们相遇。

此时已是下午两点，只好回到路边吃了点饭，然后第三次返回寺里。

雪又下来了，纷纷扬扬，很快白了草叶，白了树梢，沿着若有若无的山路往上走，一路丝毫感觉不到有一只狗狗曾路过的气息。雪花飞舞，山林静默，树木高大，枝条俊逸，即便再无心赏景，此情此景，也让人不时驻足赞叹。

为这一路美景，我说，若见到八戒，绝不吵它一句。又过一会儿，觉得应加个鸡腿。

后来碰到莲花寺的宽让师父下来取供养，帮他提了一部分送上去。必经之路上所遇到的几位师父，皆说下午没见有游客上来，也没见一只小白狗。

宽让师父得知我们住在西翠花，恰好有养蜂大哥的电话，遂打过去让他帮忙去家里看一下。海拔1700米的高山之巅，居然有信号，也是意外。过了一会儿大哥回来电话，那八戒，好好地在家候着呢！

至此，一桩心事放下，终于满心满眼就是雪景了。

据说从现在开始，一直到明年的二月中旬，这里积雪不化，越积越厚。有人认为苦寒之地，不解居此何义，但我只羡慕他们能有此福分。人生一世，草木一秋，怎样都是一辈子，能独立天地之间，与山水自然为伴，像一棵树一株草一只小虫子那样纯粹地活着，像一名纯真的孩童，生与四季同荣，逝与山林同寂，这是多么好的一生！

山居长冬无事，唯读书烤火扫雪

因寻小狗八戒，三上南佛寺。

第一次去，一人在扫雪，自称守庙人。

第三次路过，三个多小时后回来，那人仍在扫雪。仿佛时间没有变化，只是门前的雪堆大了一些。

仿佛看到春天，他扫落花；夏天，泥土地上树影斑驳，竹扫把细细的枝条划过，留下优美的线条；秋风起时，他就一遍遍扫着落叶。山里长冬无事，时常落雪，就时常地扫着门前的雪，犹如一遍遍扫着心上的尘埃。

下到山间公路上，路过鱼馆，中午在那里吃饭时，借了三把藤杖。走的时候，有三个人在围炉烤火，天色擦黑时回来，去归还藤杖，这三人仍在烤火，似乎连位置都没有变动过。

这一个下午，风雪中，我们山行十余里，来回四五个小时，这四五个小时的光阴，于他们来说，仿佛不曾存在过。就那样烤火、聊天，时间不知不觉，过去了。

我们常思考人生的意义，要什么意义呢？就这样随着四季的变迁，春生夏长，秋收冬藏，做应季的事情，过好每一个当下，不就挺好吗？

从宽让师父那里准备走时，他突然拿了一个袋子，拣了几个我们刚刚帮忙背上去的橘子，还有一些青椒，让捎给养蜂大哥。他们是熟人，交情不错。

这里可是海拔 1700 米的高山，从现在开始，雪越积越厚，长达三四个月的时间，将很少有人上来，师父也不下山，这点生活物资多么珍贵啊！我们连连摆手，让他留下自己吃，承诺一定帮他把这份心意带到。

想起《诗经》里的一句话："投我以木瓜，报之以琼琚。匪报也，永以为好也！"邻居养蜂大哥以前说过，他种的菜，吃不完的，以前经常送给一些修行人，我们来后多送给了我们，大概这位宽让师父，就曾经接受过大哥的馈赠。

现在我也要回赠给你，我没有多么珍贵的东西，这一点点水果蔬菜，就是我的心意。也不是为了回报，而是我想和你，永远交好下去。

纯真的情感，令人动容。

第二天恰好有粉丝朋友过来，就让她们捎来了几斤橘子，又拿了一点我家的东西，一起帮师父送给了养蜂大哥。向粉丝朋友提这样的要求一点也不令我难为情，我感觉是爱在流动。

这个冬天，我准备了很多新书，在秦岭的腹地，我们有这样一间暖暖的小屋子。大雪封山更好，"千山鸟飞绝，万径人踪灭"，彻底归于沉寂，于文字里，进行一场场心灵的盛宴，独自清欢。

第三个阶段　如饥似渴地读书

读书，读书，读书

来到终南山半年后，有一天，突然想读《道德经》，想认认真真地，通读全篇。在网上买了一本注音版本的，里面生僻字较多，注音加带注释方便理解。

其实早在十年前，我就试着读《道德经》，它是中华文化的瑰宝，作为一名文学爱好者，一个自诩爱读书的人，不读《道德经》，有点说不过去。但总是翻开，读几句，兴味索然，不知所云。

然后一放下，就是很长一段时间。中间偶有翻阅，感觉如故。

一年前，我在孙窑村，精神苦闷，不得其解，想要更多的智慧，以求解脱之道。又开始学习《道德经》，这次在网上买了课程，一百多节课，每天早上听一两节，听时似有所获，然而听过后，又仿佛什么都没有留下，如今回想起来，已完全忘记讲了些什么。

这次在山里，终于体会到《道德经》的美妙，只觉字字珠玑，读罢余音绕梁、唇齿留香，一读便放不下，每日一章，犹不过瘾，感觉和过往经历无不有连接，始知从前种种，事出皆有因，每日都有拨云见日、恍然大悟之感。那段时间在家，每读完一章，便和胡大博分享讨论一章，每日早饭后，两人桌旁相向而坐，分享，讨论，过去和现在，工作和生活，无所不谈，一一印证，并觉得具有很好的现实指导意义，可谓把“学以致用”发挥到极致，往往不知不觉，两三个小时过去了。那是我自到山里后，在家住的时间最长的一次，二十多天，等要回去时，胡大博依依不舍，主要舍不得每日的这种“早课”。

而来到山里后，由于一时没有了讨论对象，许多感悟不吐不快，我开始写。写的过程，盲点和疑惑变得更加清晰，这种学习就更加深入，我拿出钻研学问的劲头，每个盲点都不放过，凡有疑惑，必想法攻克，为此，多方听课，到处取经，然后加以分析、辨别，形成自己的观点，再以文字形式输出。这是一段沉浸式的学习，每天都觉得过得飞快，时间不够用。

在这个过程中，我又同时开始学习《易经》。因为在此之前，我已隐约体会到，万事万物无不是一个独立的小宇宙，通过观察身边的自然现象，定能起到“窥一斑而知全豹，处一隅而观全局”的作用，而我恰好有这样的条件。我已经生活在大自然中，并且天生对身边的一草一木有着敏锐的感知力，正当我想全身心融入自然，好好去体会这一点时，这时突然接触到《周易》。说来也奇怪，《周易》这本书以及一些帮助理解该书的书，早就在我的书架上躺着，像《道德经》一样，以前也看过，但也是读时似有所获，读后烟消云散，什么都没有留下，这次却像是第一次读到一样的感觉。那天突然又在书架上看到曾仕强和刘君政两位老师写的《易经真的很容易》，随手一翻，看到这句话：

八卦代表宇宙间最常见、与人类生活最具密切关系的八种相对静态的自然现象。将八个基本卦两两相重，由于上下两卦发生互动、变通、交易的关系，产生六十四种不同的人事变化。从自然天道（天），寻觅人类行为（人）的合理途径，便是《易经》所揭示的天人合一。

这里还说，八卦两两相重所产生的六十四卦，代表了六十四种人事变化的类型，人类向自然学习，找出正确的生活法则，应该是一条合理有效的途径。

犹记我当时随手一翻看到这段话时，竟激动得热泪盈眶，原来我们的老祖先早就已经总结好了，根本不需要自己从头开始去体悟什么，好好学习就行了！从那天起，我又一头扎进《易经》里，把河图洛书、天干地支、五行生克、《易经·系辞传》，日本易经大师高岛嘉右卫门著的《高岛易断》，以及邵雍的《渔樵问对》《观物内外篇》等等学习和读了一遍，最后学习了《梅花易数》，没事就给自己卜一卦。那段时间，每天早上的两三个小时学习《道德经》，之后学习《易经》，中间累了，有时候到外面走走，有时候换一本轻松一点的书读，从早到晚，除了吃饭睡觉，就是读书。我如饥似渴地读，越读越觉得自己无知，觉得所知甚少，甚至打算用至少三年的时间，把古今中外有关哲学、心理学、玄学的书都读一遍，《大学》《中庸》《论语》《孟子》《鬼谷子》《说文解字》等，已买回放在书架上待读。

在“没事给自己卜一卦”的过程中，我也越来越体会到那种天人合一的玄妙。有一次胡大博问其接下来的财运，我卜得山雷颐卦，《周易》断结果为：

> 见到别人大快朵颐就心生嫉妒，难以自持……容易为物欲所引诱，宜静不宜动。爻辞中的灵龟其实正是比喻初九爻，原本自身资优质美，可以像灵龟一样不用饮食便可以长寿，这是极为宝贵的特质，但是初九爻对于自己可以自养的特质却丝毫不看重，反而羡慕别人食物的丰美，所以招致凶险。

当时我翻开书，念一句，胡大博点一下头，频频点头中，他说太对了，他当时正是这心理。他关注了一个主播，每天看那人在直播间说炒股赚了多少钱，他也摩拳擦掌、蠢蠢欲动，不做意难平，但心里总归是不踏实，闻听此言，突然释然了。从此每当自觉贪欲之心起来时，他都自比“灵龟”，告诉自己不可盲动，不动日子好好的，盲目乱动，很可能劳心伤财。

人经常就是这样，有了还想有，多了还想多，但凡觉得是机会都想抓住，不自知，不知止，最终辛苦赚来的钱，怎么没的都不知道。胡大博本就是灵敏通透之人，经此一点，说“醍醐灌顶”，从此“奋起之心”息了很多，更加注重修身养性。

孔子研读《周易》，因翻动次数过多，牛皮绳先后断裂三次（韦编三绝），我的学习精神不敢和孔子比，但也可担得起“勤学苦练”四个字，每出门，包里必携带三本书：《道德经》《周易》和《梅花易数》，以便想到什么，随时查阅。

《道德经》反复品读三遍后，开始读《论语》，上下两册共六百多页的《华杉讲透论语》快读完时，正当我打算在这条路上日益精进，甚至想拜师学艺时，一本小书，让我如梦方醒，结束了这种疯狂读书的日子。它使我重新思考：我是谁？我学这些究竟是为什么？

《悉达多》

这本小书就是《悉达多》。

这是德国作家赫尔曼·黑塞的书，它并非佛陀的故事，而是讲述了一个人的一生，也是万千个人会经历的一生。封面上写着这样一句介绍性的话：追寻自我的觉醒，倾听内心真实的诉求，充满希望与真实的自我回归之旅。只看这些介绍，我就觉得必读不可。

在黑塞的笔下，悉达多是这样一个人：他是婆罗门之子（婆罗门是印度种姓制度中的最高级种姓，祭司和学者的阶级，掌握教权，享有种种特权），他聪慧好学，求知若渴，有望成长为一名伟大的智者和祭司，成为婆罗门王子，他是父母的骄傲，婆罗门女孩们仰慕的对象。然而就是这样一个众星捧月、出类拔萃、受到众人喜爱的人，却并不快乐，他感到内心焦渴、痛苦，当下拥有的一切都无法让他快乐和满足。

在他的世界里，很多圣书里都谈到“内心最深处的终极之物”，圣书里这样写道：“你的灵魂就是整个世界。”圣书还写道，人在沉睡时，会进入内心深处，居于阿特曼（自我）之中。但是这个阿特曼在哪里？他周围的所有人都无法给他答案。“悉达多认识许多可敬的婆罗门，首先是他父亲。他的父亲纯粹、可敬、学识渊博；举止文雅而高贵，生活纯粹，言辞睿智，眉宇间蕴藏细致而高尚的思想——但即便是如此渊博的父亲，就真的生活幸福、内心平和吗？他不也仅是一个不断探索的焦渴之人吗？他不也同样如一个焦渴之人，痛饮圣源，不断通过献祭、学习和婆罗门辩论来获得养液？他这样一个毫无非议的人，为什么还要反复洗涤、净化罪恶？难道阿特曼不在他心里？这个本源不是来自他内心？我们必须找到并拥有自己的阿特曼！其他一切都只是在不断的探索中绕行和迷失。”

为了找到他的阿特曼（自我），悉达多毅然离开了家，踏上寻找内在之“我”的道路。他先是做了一名沙门（出家修道者，以苦行、禁欲为修行手段），修习克己和冥想，他通过受苦，通过自愿受苦然后战胜痛苦、饥饿、焦渴和疲惫，走上克己之路；通过禅定，放空自己，走上克己之路。通过各种克己方式，他千百次脱离“自我”，数小时乃至数天停留在“非我”之中。但是，尽管通过这些方式可以脱离“自我”，最终总是要回归“自我”，成为悉达多，再次忍受轮回之苦。

迷茫之际，他遇到了被众多人所追随的觉悟者乔达摩，他一直以来的伙伴果文达选择跟随乔达摩修行，但悉达多却拒绝了。在有幸与佛陀的对话中，他说：“如果我只是您的一名弟子，哦，世尊，我担心‘自我’只是看似平静和救赎，实际上仍会继续存在并成长，因为我只是用教义，用我对您的追随、对您的爱和僧团取代了‘自我’！”

他离开了佛陀所在的祇园，有一刻，边走边这样问自己：“你原本想从老师和教义那里学些什么？还有什么是他们未能教给你的呢？”最后他发现：“是‘自我’，这就是我所追求的目标和本质……是‘自我’让我活着，让我有别于他人，让我成为悉达多！而在世界上，我最不了解的恰恰就是我，就是悉达多。”

以上这些话，于我来说，字字珠玑，读之如饮甘泉。这也是我的成长之路。我认识到，我们从一出生就被塑造，要成为什么样的人，拥有哪些品质，追求什么样的人生，所有的人、环境都在教育我们，应该怎样做，应该拥有什么，却没有人告诉我们，“我”本来是什么模样。我们一直在努力摆脱“自我”，却不知所有痛苦的根源，都是因为不能和自我合一。

“是‘自我’让我活着，让我有别于他人，让我成为悉达多！”而我，于无数次和自我的遇见中，已非常清晰自己的模样，我突然意识到，这所有的“学习”，其实也是在远离自我，这些知识和世人追逐的金钱名利地位其实没什么两样，我需要问问自己的是：这是不是自己的生命所需？

答案是“并不是”。如果我能对这个世界有一点贡献的话，一定是活出自己原本的模样，以生命影响生命，而不是运用这些知识，去做一名“讲师”或者其他，那不是“我”。

我循着内心的声音走到现在，就像一粒种子，落到了最适合它的土壤里。我只需全然地活好每一个当下就行了，就像一株草，风来，感知风，雨来，承接雨，一株草有必要去知道关于大树的事情吗？没必要，贪求知道更多，也是一种“贪”。庄子说：“吾生也有涯，而知也无涯。以有涯随无涯，殆已！”生命是有限的，知识是无涯的，看到什么好东西都想学一学，非把自己累死不可，这样做究其根源，还是对“自我”认识不清，容易被那些世人眼中的“好东西”带偏。

我们常说要“聚焦”，而如果不清楚自己究竟是谁，这样的“聚焦”不过是一场执念，执着地认为，只要坚持那样做就可以无限地接近幸福和快乐。但就像悉达多最后认识到的那样，幸福和快乐不来源于外界的任何物质和规训，而是自己内心的满足和平和。最后，“他学会了如何倾听自己的内心，学会抛弃期盼，找到了内心的平静和真正的智慧。”

读完悉达多，更加深刻理解了《道德经》第三十九章中的一句话：“天得一以清，地得一以宁，神得一以灵，谷得一以盈，万物得一以生……”这个“一”是什么？一就是“道”，是那个“不增不减，不生不灭，不垢不净”的“自我”，它在哪里？孔子说：“我日日求道，不知道即在吾身！”

一个人如果能清晰地看见自己、认识自己，那就把所有的力量聚焦在“自我”成长上就好了，每遇诱惑，只需问问自己，是不是生命成长之必需？如果不是，绝不会停留和贪恋。与那个本然的“自我”紧紧抱在一起，也即老子所说的“见素抱朴”，如此，任何与“自我”成长无关的人、事、物，都不能消耗我们的能量，哪怕天生是一株不起眼的小草，也定能独立天地之间，活出自己的精彩！

2025 年 5 月初，立夏后第三天，清晨。

满山开着槐花，我们在山里的小院子被槐花的香气包围。很多鸟儿在周围的山林里鸣叫，声音稠密，婉转，响亮。

太阳已经跃过对面的山头，从“卧佛”的脸上射下一大束耀眼的光芒，这光芒洒满小院，照得篱笆墙外新长大的核桃叶和李树叶闪闪发亮。篱笆墙的影子斜斜地映在院子里的一小块砖地上，砖缝里长着冬天鸟儿吃剩的麦粒发出的麦苗，如今这些麦苗也长大快要抽穗了。那只叫大白的乌鸦一声不吭蹲在一根篱笆桩子里，耐心地等待着合适的时机，好伺机偷一点狗狗的剩饭，小狗八戒卧在一旁核桃树的树荫下，不时看一眼大白，迟迟不打瞌睡。

我先是读了两篇《诗经》的文字。十天前开始读《诗经》，每天清晨读一到两篇，晨起虽滴水未进，但这些文字让我如饮甘泉，如啜朝露。然后开始准备早餐，生火，取水，煮粥，火是木柴火，水是山泉水，一碗米粥，就是这天早上的全部早餐内容。

这是我来到终南山整整一年之后的一个普通的早晨。在山中这一年来，几乎所有的早晨都是这样度过的。

粥煮好后，刚吃几口，我突然抑制不住地掩面痛哭，泪水横流。索性伏在桌子上，好好哭了一场，在这一刻，我突然明白了人这一生究竟是怎么回事：我为什么会在这里，是今天这般模样？为什么会有曾经那些经历？我看见我无数次地和自己相遇，却不知道那就是自己，因为不知道，我像一个提线木偶一样，被各种因缘牵着走，无知无觉，起伏着，挣扎着，时而悲伤，时而快乐，然后，又在这些经历中，不断地向“自己”靠近着，同样也是在一种无知无觉的状态下。

我意识到，四十七年来，那些几乎占据我全部生命的东西，我背负至今、觉得无比重要的东西，要从生命中彻底脱落了，此刻，我像一个新生的婴儿。难怪每一个新生的婴儿都是啼哭着来到这个世界，因为新生同时也意味着告别，告别那个旧的、被层层捆缚的“我”，回到真实的“本我”，这样的告别，让我百感交集，痛哭失声。

我觉得人这一生真的太有意思！我们每一个人本来都是那么独一无二、本自具足，但是从出生起，就在被塑造，在各种因缘的助推下，无知无觉地向着一个自认为正确的方向走，自认为清晰，不知道却是在一场迷梦中，我们只不过是在梦游。

在我四十七岁这一年，来到终南山整整一年后，我觉得自己突然像是从一场梦中醒来了。是一点一点醒来，一点一点变得清晰，而每清晰一点，我都更加清楚地看见了自己本来的模样，捆缚在身上的那些原本坚固的东西，一点点脱落，每脱落一次，我都像这样痛哭一场，每一次痛哭，都是一次百感交集的告别。

这天清晨，我回望来路，看见了两个“我”，一个是那个天生的“本我”，一个是在各种因缘里被裹上一层层壳的“假我”，同时也明白了，正是在这些因缘里形成的经历，使我一点点向“本我”靠近，所有的经历，都是为了看见真实的自己。我相信，不仅是我，我们每一个人的人生都是这么回事。

第五部分

我相信，这就是我的境遇所在

看见自己，是最大的功课

每个生命最初都是一粒种子。“合抱之木，生于毫末”，即便一棵参天大树，最初也是从一粒不起眼的种子开始的。

有的种子是树，有的是花，有的是鱼，有的是鸟，有的是蜜蜂……孔子曰：“觉已为鹊，飞于枝头；觉已为鱼，游于江湖；觉已为蜂，采蜜花丛。”每个生命都有自己的独特姿态。

重要的是，我们得知道自己究竟是花是树还是其他，知道了这个生命最本真的答案，也就明白了我们究竟该以怎样的姿态活于世间。鱼无法翔于天空，鸟不能游于水底，否则不仅做不到，还把生命白白浪费了。

所以看见自己，是人生最大的功课。

我相信，这就是我的境遇所在

我和我弟弟有同样的成长环境，但有时候我们说起童年，我却发现他讲述的那些让他记忆深刻的事情，我都完全没有印象了，而且那些事情里，我都在场。而我，记忆最深刻的，就是那十二幅画面以及与此类似的一些事情。

后来读到普里什文的文字，就一直渴望像他那样生活，一个人徜徉在大自然中，只和天地对话，能看见一朵花什么时候开放，一只鸟儿如何筑巢和求偶，感受到春天正式来临前光线的变化，被冰雪覆盖了一冬的土地有一天突然露了出来的那种惊喜……我在很多散发着泥土气息的文字里，都读出了自己内心的向往和渴望。

但以前仅仅把这些当作梦想。梦想人人都有，梦想是梦想，生活是生活，这是两回事，很多人都这么认为，我曾经也是这样认为。从来没有想过，我为什么会有这样的梦想而不是其他，没有想过深层次的原因，看山是山，看水是水。

当我对生活终于有了一点可以选择的自由时，就一路循着内心的声音开始走，即便是这时，我仍然不知道为什么会这样，每当内心萌发了转变的念头时，也徘徊和犹豫，只是因为那个声音太响亮，不那样做心不安。一路走来，似乎所为只是为了让自己心安。

我也确实在这样的一次次选择和转变中，感受到内心的安宁和快乐，就像在小木屋的那一年，在老园子时的前几年。在那些时候，我生活在大自然中，觉得周围的一切都是鲜活的、生动的，虽然一个人，但我的世界却像个集市一样热闹。

直到山居生活一年后，我突然醒悟原来“我”非我，才终于明白原因——原来，之所以在童年时记忆最深刻的是那些画面，之所以渴望像普里什文那样生活，之所以更对那些散发着泥土气息的文字感兴趣，之所以看到电影《有熊谷守一在的地方》时热泪长流，之所以不顾一切回归田园，走向大山，离人群越来越远……这是那个“本我”的自然呈现，不与它合一，我永远不会真正的安宁和快乐，而曾经所有的迷茫和痛苦，无不是因为不知道自己是谁，与“本我”分离所致。

长久以来，我一直渴望这样的生活，内心有一个清晰的画面：在一个离人群很远的地方，只有我一个人，一间能遮风挡雨的小屋子，除了满足基本生活所需物品外的其他都不要有，绝对的寂静，我和天地自然在一起，看风怎样流动，小虫子怎样进食，一朵花什么时候开，一株草的叶子什么时候变黄，我相信所有的生命都会说话，只需安静下来，我就能听懂它们在说什么……现在我相信，这就是我今生应有的模样，是我生命携带的原始信息的最好呈现，如果有一天，这样的机缘成熟，我一定毫不怀疑自己的选择，绝不会再像以前那样徘徊和犹豫。

如果说我这样一个生命个体能对世界有什么贡献的话，我想，那一定是活成自己长久以来渴望的这般模样，上天同时给了我一支笔，给了我传播的途径，那就把这些条件用好，书写和分享生命最本然的状态，用生命影响生命，使更多有缘人早一天和自己相逢，活出独一无二的自己。

我相信，这就是我的境遇所在。

如何看见自己?

万事万物都是自己的一面镜子，如果真正明白了这个道理，随时随地，都可以看见自己的模样。生命是一个能量体，每个能量体都有自己的振动频率，同频共振，那些能让情绪产生波动的所有人、事、物，都和我们有着相似的灵魂。

喜欢和讨厌某个人，都不是无缘无故。从童年记事开始，我一直对大自然里的一草一木、一虫一鸟，有着敏锐的感知力，这其实正是生命基因的最好呈现，而我曾经讨厌的那些人和事，其实也正说明了在内心某个隐秘的角落，有着和那些相同的东西。

以前不懂得这些，但循着内心的声音走，于不知不觉间，我终于幸运地慢慢地看见了自己的模样。有人修佛，有人修道，各种形式的禅修、念佛、持戒、行善、诵经、参禅、内观冥想等修行方式，其最终目的，应该都是为了破除种种迷障，看见那个本来的自己。殊途同归。

走哪条路，何时能和自己重逢，各有各的缘分。

学习的目的

这十几年间，我学习了茶艺、古筝、绘画、裁剪、染布等等，每当看见一项有趣的事物，都想学一学，看见别人那么优秀，也想成为那样的人。于是我不断地驱使着自己去学，去看，去听。

每一样我都没有学好，都是半途而废，于是我又因此怀疑自己，否定自己。

在越来越清晰地看见自己的模样，确信自己的境遇之后，我不再羡慕任何人，不想成为任何人，不渴望获得更多，也不怕减少什么，我知道我只能成为我自己。就像现在我们的小菜园里，生菜只能是生菜，小葱只能是小葱，谁也无法成为除“自己”之外的其他生物。

只需安住在脚下的泥土里，风来，随风而动，雨来，喝点雨水，困了睡觉，缺营养了补充点肥料。一粒种子在成长的不同阶段所需不同，该怎么做，该学习什么，生命本身知道答案。

一切只为内在“本我”的成长服务，这是当下我学习的唯一目的。

只需活成自己本来的模样

以前我常想，这一生如何体现自己的价值？是否会有一点成就？

现在我知道了，只需活成自己本来的模样就可以了。就像我们门前生长的竹子，只管长成竹子的模样，其他根本无需多想。

活成自己本来的模样，能发光发光，能发热发热，那些生命中的有缘人，需要光拿去光，需要热拿去热，这时候自然就有了价值。即便不会发光也不会发热，那又有什么关系呢？面前的这座大山之所以生机勃勃、和谐繁盛，是无数默默无闻的生命共同呈现的结果，活成自己，本身就对世界贡献了一份力量。

安静下来吧

我用三十多年的时间，终于实现了儿时的梦想，在城里买了房，结了婚，摆脱了泥土地上的劳作，在城里有了相对稳定的工作和生活。

但我的心一直渴望回到泥土地上。起初我不明白为什么，我的家人也不理解，好不容易有了现在的一切，却要回到原点，他们曾极力劝阻，劝阻不了，不知攒下了多少失望。

从城市走向田园，从田园走向大山，在我一步步向更远更深处走的过程中，终于明白，同时我也是走向了越来越深的安静。唯有安静下来，那粒生命的种子才慢慢呈现它本来的面貌。

一路走来，遇到很多同行的人，我们跋山涉水，不顾舟车劳顿，去一个心中向往的地方。那心中所向往的，难道不正是未曾认识的自己吗？它的封印太厚了，以致不翻越千山万水，不真正安静下来，根本没有机会看见。

每一个灵魂都渴望和自己重逢，在一些时刻，也许我们早已体会过那种相遇时的幸福和激动。所以，即便山深林密路途遥远，条件再艰难，我们也义无反顾，在那些安静的地方，多少人借此也安静下来，生命因此慢慢变得清晰而完整。

但行好事，莫问前程

有时候我回想这几年，会觉得很梦幻，我这样一个各方面条件都不突出的人，怎么居然会赚到远超自己预期的钱呢？

我没有有钱的父母，没有有钱的另一半，毕业于一所普普通通的大学，学历一般，长相一般，才华不出众，曾单身带着孩子，也没有什么社会经验，出去做事，简单得如一张白纸。我经常感叹自己真是幸运，是一个有福气的人。

现在我明白了，之所以如此，的确是因为幸运和有福气，不懂“道”，但仔细想来，这些年其实一直在“道”中。循着内心的声音走，在不知不觉间，我慢慢向自己靠近了，很多和“自己”在一起的时刻，我的生命绽放出独有的光彩，借助自媒体平台，更多同频的人看见了我，也许我的这一缕微光曾照亮和温暖过许多正跋涉在自我路上的人，我无意间给了很多人能量，然后，这些能量回过来共同加持了我。当我想赚钱，它们就变成了钱。

我在 2018 年 4 月份开始拍短视频，直到 2019 年底才开始直播带货，在此之前，不知道直播为何物，更没想过做这件事还能赚钱。那些分享是纯粹的，是生命状态的自然呈现，于分享中，我自己首先获得了与“独乐乐”相比不知翻了几倍的快乐。老子说“非以其无私邪？故能成其私”，难道不是因为没有目的，足够纯粹，又确实给他人带去了一些温暖和轻松的时刻，才最终成就了那些个人的需要吗？

所以但行好事，莫问前程，一切自有安排。

一切都是能量状态的呈现

直播前四年，我们每年都有新的增长，即便疫情防控期间影响也不大。但到了第五年开始走下坡路。

直接的原因似乎是，我干不动了，连续奔跑了这么多年，我累了。但现在明白，深层的原因，是我的能量不足了，无法再为他人提供更多有价值的东西。

从 2014 年到 2019 年，整整五年的时间，我都在深耕自己，就像竹子，一直在向下扎根，积蓄了足够多的能量，待破土而出的那一刻，势不可当。后来这些年，其实一直都是在消耗那时的积累，又因为忙于向前奔跑，补充有限。终于快消耗尽了，我感觉心力不足，精神荒芜，万分疲倦。

当初并不知道这些，只是像以前很多次那样，当精神苦闷，陷入荒芜，我再一次选择听从内心的召唤。所以我真是一个有福气的人，因为从人性来说，人往往越是感觉艰难，越是不甘，越要努力拼搏向前，如果我当时也这样做，等最后那点能量彻底耗干，也就彻底结束了。

在山里的这一年，原本紧张的神经得到放松，疲惫的双脚得到休息，越来越安静，越来越清晰，能量重新回来了。又觉得一切都不是事，对生活重新充满无限的热情。

从没有“放下”什么

这一路上，经常有人表示赞叹，说你真勇敢，放下了那么多东西，拥有现在平静的生活。

其实我从没有放下什么的感觉。从城市向田园奔去的那一刻，我的心是狂喜的，从田园来到山里，我更是充满无限的感恩。心之所向，只有得到的满足，从无放下的遗憾。

> 言说放下难放下，所求好比西天霞。
> 待到暮春时节至，处处皆是离枝花。

花落了自然会结果实，生命有自己的成长节奏，若时间不到，说“放下”就等于强行把花摘掉，一切所求不过就如傍晚西天的彩霞，一场美丽的邂逅，什么也不会留下。所以老子教我们“无为”，凡事顺其自然，不强作，不妄求，瓜熟蒂落，水到渠成。

没有理由不爱惜自己的身体

长久以来，我渴望有一方独立的小天地，绝对地一个人生活，回到寂静里，回到最初时，但受一些修行人的“苦修”生活影响，心里一直不确定。因为我发觉我的身体离不开抽水马桶，无法适应湿寒，连做饭取暖用的柴火都劈不动，我需要一间冬天足够温暖的屋子，和一些基本现代化的家具来保证这样的生活无虞。

原来了解到的“苦修”生活似乎成为一种模板，影响和制约着我，使我一度怀疑那样的念头只是一种臆想，不是实情。但现在明白了，身体是最大的缘，“本我”就住在这具身体里，照顾好身体，让它不要冻着、饿着，让它健康充满活力，是对这个缘分最好的珍惜。

所以，不执着于“苦修”，在条件允许的情况下，可以满足身体的一切物质所需。但也没必要过于执着这具身体，如果它真的有顽疾，饱受病痛折磨，如果它变得衰老，不再灵便，如果有一天它终于不堪沉重，要与“本我”分离，那就是缘分尽了，那时我们的“本我”就摆脱了形体的束缚，回归本源了。回归本源，就像游子回归故乡。

其出弥远，其知弥少

老子说：“其出弥远，其知弥少。”

老子还说，“五色令人目盲，五音令人耳聋，五味令人口爽”，这告诉我们，不要看那么多，不要听那么多，知道的越少越好。

以前不明白这些话是什么意思。现在知道，当一个人不认识自己、不知道自己是谁的时候，见得越多，知道得越多，越容易迷失，回归的路越艰难和漫长。

但所有的路都是通向“本我”之路，没有一步路是多余的，所以只管放轻松一点，去品味一切想品味的，去经历一切想经历的。人生本就没有固定的模式，我们只能在自己的因缘里那样走，所走的那条路，就是通向“本我”的最佳途径，一切“捷径”都会让我们偏离轨道，它貌似弯曲，实是坦途，所谓“大直若曲”。

万物本来一体

老子说：“不出户，知天下；不窥牖，见天道。”

足不出户，便知天下，为什么呢？起初我以为，只要囿于一室，潜心学习前人的智慧，把万卷书读破就可以，所以那段时间，我如饥似渴地读书，梦想穷尽天下至理。老子本人就是周天子的图书馆馆长，坐拥天下图书，有读万卷书的最好条件，我想这应该是他的实践经验。

当认识到万物皆为大道所生，本来一体，同根同源，没有分别的时候，我对这句话的理解也变了。天地是大宇宙，人身是小宇宙，看见和弄懂了自己，也就看见和明白了天地和众生，此即所谓“见自己，见天地，见众生”！

善者不辩

《道德经》最后一章讲：“善者不辩，辩者不善。”一直不解何意，难道遇到不公，辩解一下就是不善吗？

直到有一天，当看到有人对我的“不公正”评价时，内心再无一丝委屈或愤怒，取而代之的，是深深的理解和难过，还有心疼，我终于明白这句话的意思。每个人对他人的评价，实则只是自己内心的映照，我不仅理解了原因，也看见了人生实苦，因为不知道自己究竟是谁，我们在混沌中一直走啊走，被各种观念和欲望束缚着却不自知，这真是一条漫长而艰辛的路啊！那一刻，我泫然欲泣。

同时也认识到，没有什么公正与不公正，一切都只是角度不同。“横看成岭侧成峰，远近高低各不同”，从这一点上来说，也真的没有什么好辩解的。

奇妙的缘分

多年前，我曾看过一本书，描写终南山的隐士，从那时起，我就对文中所写的隐士生活产生极大的向往。但当时条件不允许，只能把这份向往深埋心底。

当最终来到终南山后，曾有粉丝朋友问起是什么样的因缘让我来到这里，这时由于时间久远，我已经完全忘记了书的名字。有次回家，从书架上看到一本书，名字叫《问道终南山》，想着既是描写终南山的书，带回山里没事时再翻看一下吧。书已蒙尘许久。

没想到这一翻吃惊不小。是的，就是这本书，使我产生了要来终南山的念头，这本书里的一段话，我曾专门抄写下来发到朋友圈，这次整理以前的文字，重新看见了。就是这段："天气晴好的时候，云龙洞主偶尔会坐在洞口的大石头上读经，河水从洞口前流过，溅起的浪花将洞边的青草洗得发亮，绿水环绕，云龙洞主坐在水声与清风中。他的洞中一无所有，松鼠尚且藏一些松子、核桃在自己的洞中，云龙洞主什么也没有，几十年来，他每天听石头间水声涓涓，夜晚则在黑暗中读经，每读一个字磕一个头。"

没想到多年后的今天，我所在的地方竟然就是书中所写的地方，也许文中的云龙洞主，就住在附近的某个山洞里。终南山七十二峪，找房子时，去看了好几条峪的十几座房子，没想到最终选择的大峪，就是最初使我产生来此念头的根源所在。这本书的主编是张剑峰老师，张老师是上面不远处终南草堂的主人，我们刚来山里时曾有缘一见，书中所写内容，多是大峪人事。

这看似偶然的事情，难道不是人生剧本里，不会出意外的注脚吗？

重新理解了“爱”

最初发觉内心强烈渴望来终南山居住时，我犹豫徘徊了好几天，其中一个重要原因，是舍不得胡大博。正像很多网友疑问的那样，长期两地分居，感情会不会生变？胡大博在我眼中那么好，几年来，对我又是那么好，一想到如果他把这份爱给别人，我就难过。

那时候，我认为我深深地爱着胡大博。我认为这就是爱。

但现在，我对他的感情丝毫不减，却再无任何恐惧和担忧，内心唯有一个愿望，就是希望他好，只要他开心，怎样都好。曾认真想过，如果有一天他真的告诉我，他又爱上了别人，我是否能接受？我想我一定会难过，但也一定会坦然接受。

这时，我对“爱”的理解已和以前全然不同。

我的心仿佛一个球体，它是圆满的、无缺的，如果它有光和热，这份光和热自会照亮和温暖到每一个生命中的有缘人。“爱”是他恰好需要，我恰好有余。我将十分珍惜这样的缘分，毫不保留地把这份光和热奉献出去，不爱了，只能说明这份光和热不再是对方所需要的了。

那有什么好悲伤呢？我仍然是完整的，丝毫不减少什么，相反，人生又多了一段难得的经历和体验，理应感谢。我会送上最真挚的祝福，祝福每一个有缘人，最终都能收获想要的幸福！

当发觉自己不再惧怕失去爱的那一刻，我觉得我的人生终于完全光明起来。这一路走来，受的最大的苦，便是感情上的苦，那些爱而不得、背叛和失意，那些孤独和难过的日子，如今都化成生命的种子成长的沃土。《悉达多》里讲："所谓的我，就是过去一切体验的总和。我是，我接触过的人，触碰过的物，感受过的情爱，迷失过的痛苦。所有的一切，才成为此刻的我，少一点都不是。"是的，的确是这样，少一点，都不会有现在的我。所以所有的经历都很好。

感谢所有的相遇！